증보 국역 송촌집

안 음 지음
안동교 옮김

신 조 사

묘소(墓所) 전경
전남 보성군 보성읍 우산리 검월등(劒月嶝)에 부인 해남윤씨와 함께 안장되었다.

묘표(墓表) 전면
송촌의 행적과 사업을 적어 묘정(墓庭)에 세웠다.

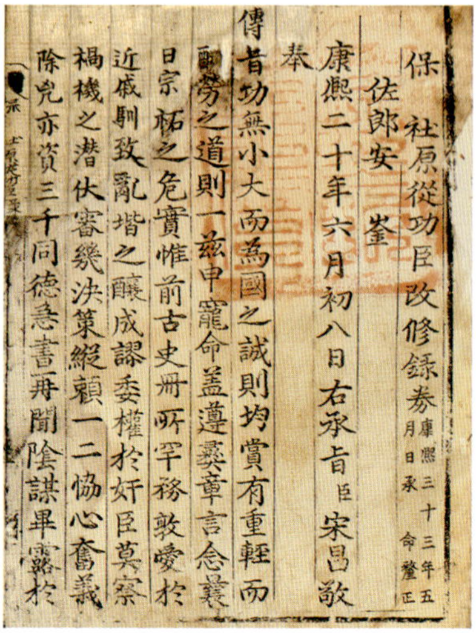

保社原從功臣改修錄券 康熙三十三年五月日承命釐正
佐郎安崟
康熙二十年六月初八日右承旨臣宋昌敬
奉
傳旨功無小大而爲國之誠則均賞有重輕而
酬勞之道則一玆申寵命蓋遵彛章言念曩
日宗祏之危實惟前古史冊所罕務敦嗳於
近戚馴致亂堦之釀成謬委權於奸臣莫察
禍機之潛伏審幾決策綏顛一二協心奮義
除兇亦資三千同德急書再聞陰謀畢露於

보사원종공신 개수녹권(保社原從功臣改修錄券) 첫면
보사공신은 1680년(숙종 6)에 복선군(福善君)을 추대하려던 허견(許堅) 일파를 제거하는 데 공을 세운 신하에게 내린 훈명(勳名). 이 녹권은 1등공신 안음(安崟)에게 하사한 것으로 보사녹훈도감(保社錄勳都監)에서 편찬했다.

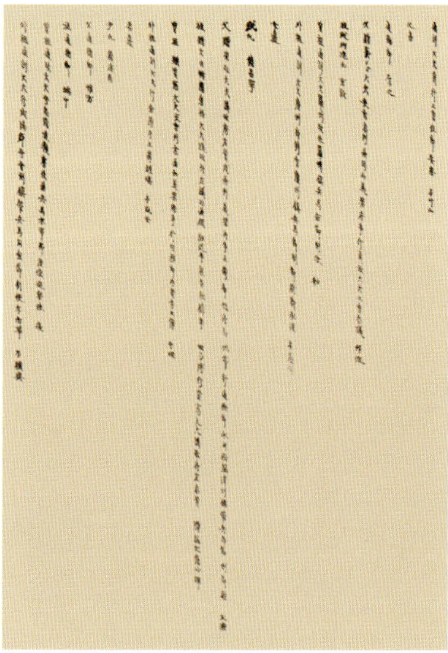

호적(戶籍)
깨알처럼 쓴 송촌의 호적으로 부친 쪽, 모친 쪽, 처가 쪽, 외가 쪽 인명이 모두 나온다.

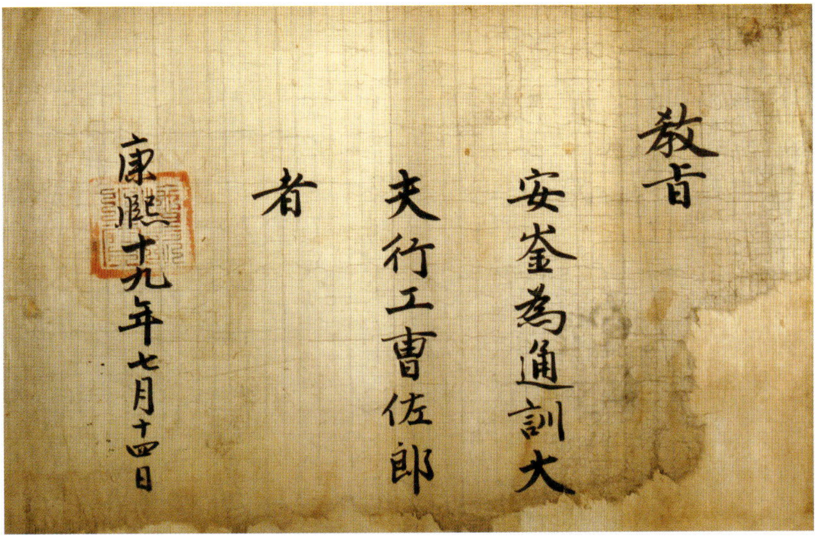

教旨
安崟爲通訓大夫行工曹佐郎者
康熙十九年七月十四日

공조 좌랑(工曹佐郎) 교지
송촌이 보사원종공신에 기록된 이후 받은 관직이다.

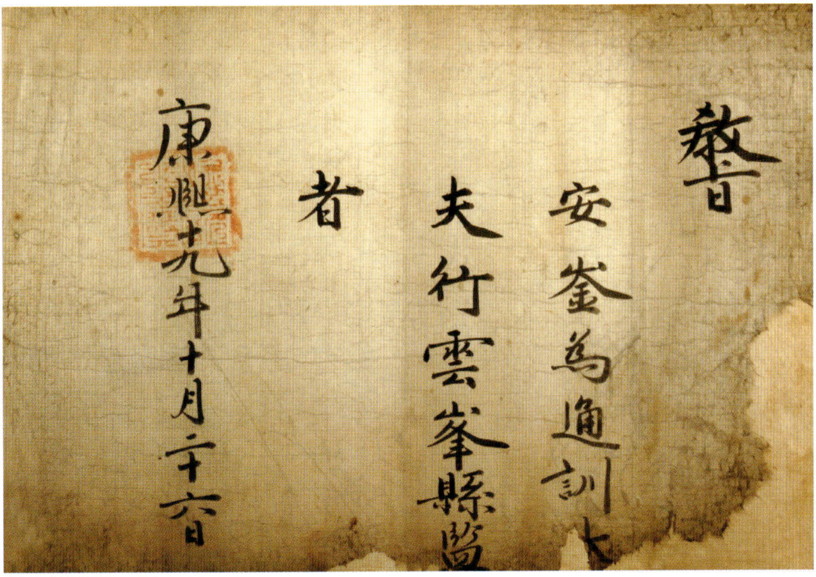

教旨
安崟爲通訓大夫行雲峰縣監者
康熙十九年十月二十六日

운봉 현감(雲峰縣監) 교지
전라도 운봉 고을의 현감에 임명되었으나 부임하지 않고 고향으로 돌아왔다.

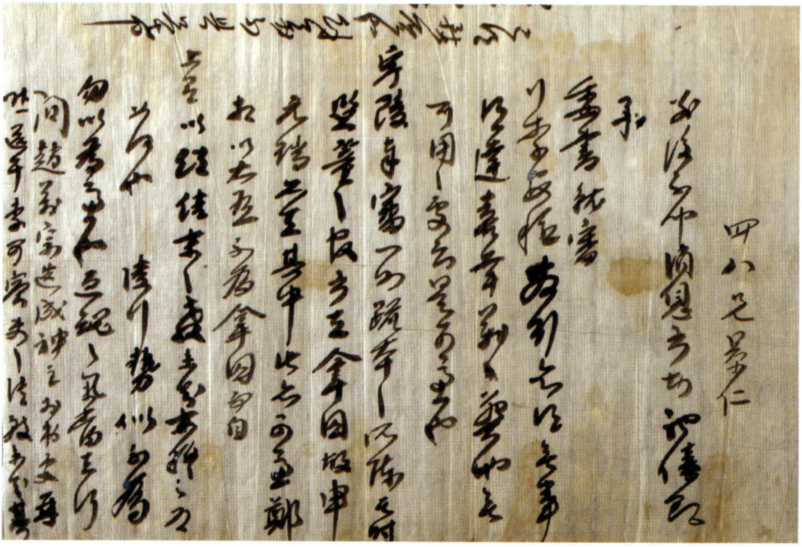

큰 형 안전(安峑)의 서간
송화 현감(松禾縣監)을 지낸 큰형이 송촌에게 보낸 안부 편지이다.

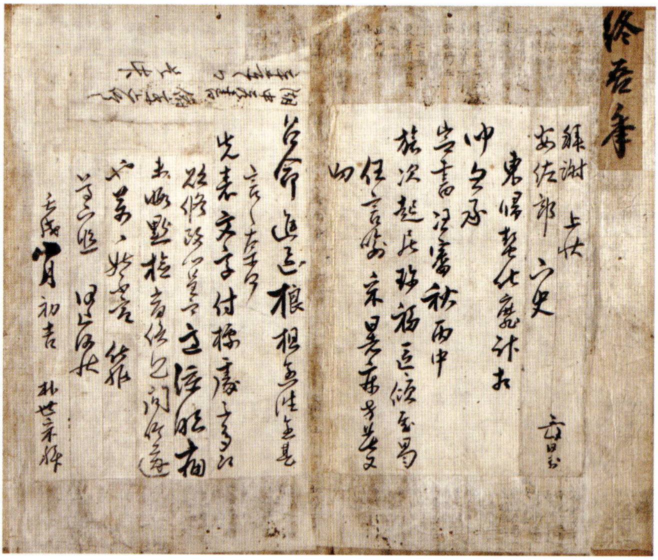

박세채(朴世采)의 서간
1682년에 남계(南溪) 박세채가 송촌의 조부 묘표(墓表) 건으로 보낸 편지이다.

간 행 사

오늘날 세계문명은 서구 중심에서 다극(多極)체제로 이행하고 있습니다. 이러한 거대한 전환을 맞이하여 전통문화의 창조적 계승은 바로 시대적 요구라고 할 것입니다. 기실 우리 겨레는 다름 아닌 온고지신(溫故知新) · 법고창신(法古創新)을 통한 문화역량을 바탕으로, 중화체제에서 역사의 무대에서 사라져간 다른 민족과 달리 고유한 문명을 유지 · 발전시켰을 뿐 아니라, 세계체제에서는 국권상실과 민족분단이라는 엄청난 시련을 경험하였음에도 민족정체성을 간직할 수 있었습니다.

이러한 전통문화의 계승과 창조적 대응의 차원에서, 퇴우당(退憂堂) 안음(安崟, 1622-1685) 선생의 문집인《송촌집》국역본 간행은 참으로 반가운 일이 아닐 수 없습니다. 더구나 우리 고장의 학술 과제로 '호남학'의 진흥이 부상하고 있는 작금에 실로 소중한 일이라고 하겠습니다.

인조반정(1623) 한 해 전에 경기도 파주 외가에서 태어난 선생은 두 차례의 호란과 예송(禮訟)으로 국론이 분열되고, 상호 비판과 견제의 틀에서 운영되던 붕당정치가 상대를 적대하고 배제하는 환국정치(換局政治)로 이행하는 시대를 겪었습니다. 그만큼 선생이 살던 시대는 조선의 국내외 사정이 격

변하고 정치 갈등과 사회 모순이 심각하였습니다.

이러한 상황에서 선생은 호한체제(胡漢體制)를 표방한 청제국의 팽창주의에 대항하고 조선의 고유성과 정신 자립을 위한 조선중화주의(朝鮮中華主義)의 흐름에 섰습니다. 그러나 대명의리(對明義理)와 대청복수(對淸復讐)라는 외부적 추상적 명제에 앞서, 나라 밖의 위협에 대처하려면 먼저 나라 안의 폐단을 고쳐야 함을 제창하였습니다. 그래서 국왕에게 종척(宗戚)의 근심, 분당(分黨)의 폐단, 공거(貢擧)의 오류, 전부(田賦)의 남설, 군포(軍布)의 징수 등 다양한 시무책을 깊이 개진하고 간곡하게 건의하였던 것입니다.

'내정을 다스린 뒤에 외적을 물리쳐야 한다. [先內修後外攘]' 이는 선생의 경세론(經世論)으로서 남을 다스리는 뜻을 펴기에 앞서 자신부터 닦아야 한다는 수기치인(修己治人)의 국가화(國家化)였습니다. 이렇듯 인간의 도덕 · 정치의 책무와 국가의 생민(生民) · 지존(至尊)의 당위를 하나의 틀에서 살폈기 때문에 국왕에게 체천(體天)의 효성과 군신의 의리를 거듭 설파할 수 있었습니다.

또한 선생은 유교정치의 이상인 덕치(德治)와 예치(禮治)의 최고주재자인 국왕이라도 인간 보편의 윤리와 의례를 초월할 수는 없다는 논리에 적극 동참하였습니다. 이러한 예론은 흔히 '왕 · 사 동례(王 · 士同禮)'로 표현되는데 선생이 남인(南人)의 예설을 단호히 비판한 연유가 여기에 있었습니다.

한편 선생은 조선 역사에서 가장 참담했던 경신대기근(庚辛大饑饉, 1670-71) 이외에도 천재지변에 따라 흉작이 거듭되고 가축 전염병까지 창궐하여 민생이 도탄에 빠진 어려운 상황을 겪었습니다. 그래서 "임진년 액난(厄難)이 이와 같았을까? 전쟁과 흉년은 상란(喪亂)이 한가지이다." 하며, 집안 곡식을 풀어 한 고을을 구휼하였습니다. 바로 손상익하(損上益下)의 모범이었던 셈입니다. 선생의 경륜과 의리는 《용학의의(庸學疑義)》·《예의문답(禮疑問答)》과 같은 저술을 통해 축적된 학문의 힘이었습니다. 그러나 이러한 저술이 전해지지 않아 아쉬울 따름입니다.

극기복례(克己復禮)와 애군우국(愛君憂國)을 실천하고자 했던 선생의 일생은 몇 가지 연원(淵源)에서 유래하고 있습니다. 선생은 일찍이 조부의 가르침을 잇고 외증조를 사숙하면서 의리(義理)와 출처(出處)의 정도(正道)를 익혔습니다. 조부는 학문과 절의의 유종(儒宗)으로 우산 선생(牛山先生)이라 불린 은봉(隱峯) 안방준(安邦俊, 1573-1654)이며, 율곡(栗谷) 이이(李珥)와 더불어 도학의 적전(嫡傳)으로 문묘에 오른 우계(牛溪) 성혼(成渾, 1535-1598)이 외증조가 됩니다. 그리고 신독재(愼獨齋) 김집(金集)에게 집지(執贄)하고 동춘당(同春堂) 송준길(宋浚吉)을 사사(師事)하였으며, 우암(尤庵) 송시열(宋時烈), 시남(市南) 유계(兪棨), 석호(石湖) 윤문거(尹文擧), 미촌(美村) 윤선거(尹宣擧) 등의 산림종장(山林宗匠)에게 지우(知遇)를 입었습니다. 또한 당대의 택당(澤堂) 이식(李植), 남송(南松) 조복양(趙復陽), 북정(北汀) 홍처량(洪處亮), 화곡(華谷) 이경억(李慶億), 문곡(文谷) 김수항(金壽恒), 명재(明齋) 윤증(尹拯), 현석(玄石) 박세채(朴世采), 노봉(老峯) 민정중(閔鼎重), 둔촌(屯村) 민유중(閔維重), 서석(瑞石) 김만기(金萬基) 등 석학명유(碩學名儒)와 교유하였습니다.

선생은 일찍이 인각봉취(麟角鳳嘴)·사림근저(士林根柢)·거하승묵(巨廈繩墨)의 기대를 받았고, 행의효제(行義孝悌)와 박학명례(博學明禮)로 천거를 받았으며, 강직한 정론은 한나라 충신 급암(汲黯)에 비견되었습니다. 그래서 박세채는 운봉현감에 제수되었으나 부임하지 않았던 선생을 일컬어 "퇴우(退憂)의 올곧음은 급암(汲黯)에 비길 만하되, 만절(晩節)은 같지 않다."고 높였던 것입니다. 그만큼 사환(仕宦)은 짧고 퇴거(退去)는 길었습니다. 그러나 시국과 나라에 대한 근심은 그치지 않았으니, 자호를 '퇴우(退憂)'로 삼은 이유이기도 합니다.

선생은 서인이 회니시비(懷尼是非)의 여파로 노론과 소론으로 분립되기 시작한 숙종 11년(1685)에 보성 송산 택촌(澤村)에서 세상을 마감하였습니다. 임종할 때에 "우리 동방의 관작과 시호는 너무 지나치게 꾸미니 통탄스럽다. 관계(官階)의 서식은 다만 역임한 관직만 쓸 것이요, 사퇴한 관직은 쓰지 말라." 하고, 또 "너희들은 효제(孝悌)를 근본 삼아 학문하고 수양하되 권력과 사리를 가까이 하지 말 것이요, 남에게 알려지기를 구하지 말라."고 유결(遺訣)을 남겼습니다.

선생의 학문과 사상은 온전히 전해지지 못하였습니다. 증손인 지암공(止庵公) 창협(昌馦)이 편찬한 유고 3권이 그만 수화(水火)를 입고 말았던 것입니다. 실로 안타까운 일입니다. 그러다가 1924년에 만회공(晩悔公) 성환(聖煥)의 뜻을 이어받은 8대손 둔사공(遁舍公) 규호(圭灝)의 헌신으로 수습된 연보(年譜) 초본과 소장(疏章) 및 시문 약간으로나마 선생의 학술과 정신을 살필 수 있게 되었습니다. 그러나 선생의 문집은 국권을 잃은 시기에 다시 묻힐 듯하다가, 둔사공의 둘째 아들 종은(鍾殷)이 연재(淵齋) 송병선(宋秉璿) 문하에서 척사부정(斥邪扶正)의 학통을 이은 족숙 회봉공(晦峯公) 규용(圭容)에게 교정을 청하여 1961년에 비로소 간행되었습니다. 그리고 1998년에는 회봉공의 증손인 안동교(安東敎) 박사가 《현종실록》과 《미촌집(美村集)》에서 찾아낸 단편을 보유로 덧붙이고 국역하였습니다.

《송촌집》을 교정할 때에 회봉공은 실로 한탄스러운 감격을 숨기지 않았습니다. "선생의 도학과 경술(經術)은 나라의 빛이 될 만하였고, 사정숙특(邪正淑慝)의 분별, 존화양이의 엄정함은 천지에 빛나고 일월처럼 밝았으나 세상에 크게 시행하고 온몸으로 펼칠 수 없었으니 실로 한탄스럽다." 이를 읽는 후학 또한 송연(竦然)한 심정을 금할 수 없습니다. 그런데 이번에 또 안 박사와 선생의 후손 안병훈(安秉勳) 씨는 몇 가지 사료와 편지, 만사 등을 증보하고 이전의 번역문을 수정하여 재간(再刊)을 추진하고 있습니다. 재간에 즈음하여 천학(淺學)의 후진으로 간행사를 감당할 수 없어 사양하였으나, 안 박사가 후손의 간곡한 뜻을 내세운 터라 감히 비견(鄙見)을 보태지 않을 수 없게 되었습니다. 아무쪼록 이번 국역《송촌집》의 간행이 우리 선현의 올곧은 정신문화를 다시 살피고 오늘날의 교훈으로 삼는 뜻 깊은 기회가 될 것을 확신하며, 아울러 '호남학' 나아가 '한국학'의 연구자에게 일조가 되기를 기대합니다.

2011년 3월 1일에,

후학 함평인(咸平人) 문학박사 이종범(李鐘範)이 삼가 쓰다.

일러두기

1) 이 책의 번역 대본은 1961년 중춘(仲春)에 전남 보성군 미력면 가평리(佳坪里)에서 간행한 《송촌집(松村集)》으로 하였다.
2) 번역문의 해당 원문을 찾아보기 편리하도록 권말에 원문 전체를 첨부하였다.
3) 내용이 간단한 역주는 간주(間註)로, 긴 역주는 각주(脚註)로 처리하였다.
4) 한자는 필요한 경우 이해를 돕기 위해 넣었으며, 운문(韻文)은 원문을 병기하였다.
5) 맞춤법과 띄어쓰기는 한글 맞춤법과 표준어 규정을 따르는 것을 원칙으로 하였다.
6) 이 책에서 사용한 부호는 다음과 같다.
   ① ( ) : 번역문과 음이 같은 한자를 묶는다.
   ② [ ] : 번역문과 뜻은 같으나 음이 다른 한자를 묶는다.
   ③ “ ” : 대화 등의 인용문을 묶는다.
   ④ ‘ ’ : “ ” 안의 재인용 또는 강조 부분을 묶는다.
   ⑤ 「 」 : ‘ ’ 안의 재인용을 묶는다.
   ⑥ 《 》 : 책명 및 각주의 전거(典據)를 묶는다.
   ⑦ 〈 〉 : 책의 편명 및 운문 · 산문의 제목을 묶는다.

차 례

《송촌집》 서문 / 송재직(宋在直) ······ 15

《송촌집》 제1권

시(詩)

할아버지가 빙호추월에 대해 읊어보라고 명하자
곧 소리 내어 호응하다 [王父命吟氷壺秋月應聲輒呼] ······ 23
우산정사에서 고송팔매를 노래하다 [牛山精舍詠孤松八梅] ······ 24
할아버지의 회갑 생신을 맞아 [王父初度晬辰] ······ 25
파주에서 섣달그믐 밤을 보내며 [坡山除夜] ······ 26
남한산성의 포위가 풀렸다는 소식을 듣고
하늘을 향해 울면서 통곡하다 [聞南漢解圍號天痛哭] ······ 27
신독재 문하에 모여 강론할 때 [會講于愼獨齋門下] ······ 28
죽원사에서 스님들과 이별하며 주다 [竹院寺贈別諸僧] ······ 29
파주 서당에서 서파 오도일, 우재 조지겸과
함께 얘기를 나누다 [坡塾與吳西坡道一趙迂齋持謙共話] ······ 30
노성을 지나다가 이구산에 올라 [過魯城登尼丘山] ······ 31
북당의 회갑 생신을 맞아 [北堂初度晬辰] ······ 32
파주의 매변당에서 [坡山梅邊堂] ······ 33

막내 외삼촌 매변당 성직의 망모시를
차운하여 드리다 [次呈季舅梅邊堂稷望耄韻] ······ 34
동춘 선생에게 올린 만사 [同春先生輓] ······ 35
외제 참봉 양우성에게 바친 만사 [外弟梁參奉禹成輓] ······ 36
문여화 희순의 태고정 시를 차운하다 [次文汝華希舜太古亭韻] ······ 37
외제 병사 양우급에게 바친 만사 [外弟梁兵使禹及輓] ······ 38
또[又] 큰형 소와공(邵窩公)을 대신하여 짓다 ······ 39
파주에서 옛날 감회에 젖어 [坡山感舊] ······ 40
화양동에서 의종황제의 어필을 봉심하고 통곡하며
감회를 읊다 [華陽洞奉審毅宗皇帝御筆痛哭感吟] ······ 41
빙호정에서 꿈에 읊다 [氷壺亭夢吟] ······ 42

소(疏)

윤선도를 법률로 처벌할 것을 청한 상소 [請善道按律疏] ······ 43
윤선도에게 형률을 더할 것을 청한 상소 [請善道加律疏] ······ 50
우암과 동춘이 당한 모함을 변론한 상소 [陳辨疏] ······ 54
사직의 뜻을 아뢴 상소 [陳情疏] ······ 56
동춘 선생을 위해 변론한 상소 [陳辨同春先生疏] ······ 56

서(書)

할아버지께 올리다 [上王父] ······ 57
큰 형 소와공 전에게 올리다 [上伯氏邵窩公𡊠] ······ 58
종형 회정와 희에게 올리다 [上從兄晦靜窩𡙇] ······ 58
동춘 선생에게 올리다 [上同春先生] ······ 60

우암 선생에게 올리다 [上尤庵先生] 3통 ························ 61, 61, 63
민대수 정중에게 주다 [與閔大受鼎重] ······························ 66
홍자회 처량에게 답하다 [答洪子晦處亮] ···························· 67
김구지 수항에게 주다 [與金久之壽恒] ······························ 68
김영숙 만기에게 답하다 [答金永叔萬基] ···························· 69
오관지 도일에게 답하다 [答吳貫之道一] ···························· 70
이양숙 이명에게 주다 [與李養叔頤命] ······························ 71

기(記)

우계기 [遇溪記] ·· 73

제문(祭文)

신독재 선생에게 올린 제문 [祭愼齋先生文] ························ 74
동춘 선생에게 올린 제문 [祭同春先生文] ·························· 75
동춘 선생의 묘소에 고유한 글 [同春先生墓告由文] ·················· 75
시남 유계 선생에게 올린 제문 [祭市南俞先生棨文] ·················· 77
큰 외숙 첨정 성공 륵에게 올린 제문 [祭元舅僉正成公櫟文] ········ 77
미촌 윤공 선거에게 올린 제문 [祭美村尹公宣擧文] ·················· 77
석호 윤공 문거에게 올린 제문 [祭石湖尹公文擧文] ·················· 77
정랑 송광식에게 바친 제문 [祭宋正郎光栻文] ······················ 77

《송촌집》 제 2 권

부록(附錄)

연보(年譜) ········ 81

《송촌집》 제 3 권

부록(附錄)

만사(輓詞) ········ 133
제문(祭文) ········ 134, 136
신미년에 원통함을 풀어주기를 청한 상소 [辛未伸寃疏] ········ 137
계유년에 훈작을 회복시켜 주기를 청한 상소 [癸酉伸復疏] ········ 137
을유년에 증작을 청한 상소 [乙酉請爵疏] ········ 137
사우를 세우자는 통문 [建祠宇通文] ········ 141
행장(行狀) ········ 145
묘표(墓表) ········ 153
묘갈명 병서(墓碣銘竝序) ········ 153
《송촌집》 발문 ········ 161, 164

《송촌집》 증보(增補)

《왕조실록》에서 뽑다 [王朝實錄抄] ········ 169
《승정원일기》에서 뽑다 [承政院日記抄] ········ 170
《여지도서》에서 뽑다 [輿地圖書抄] ········ 171

《보성읍지》에서 뽑다 [寶城邑誌抄] ······ 172

안경인 전과 안경진 음에게 보낸 편지

[與安景仁荃景鎭崟] 윤선거(尹宣擧) ······ 173

좌랑 안음에게 보낸 답장

[答安佐郎崟] 서봉령(徐鳳翎) ······ 177

송화현감 안전과 운봉현감 안음에게 보낸 답장

[答安松禾荃雲峰崟] 서봉령(徐鳳翎) ······ 179

좌랑 안음에게 보낸 답장

[答安佐郎崟] 박세채(朴世采) ······ 180

아우 음에게 보낸 편지

[與舍弟崟] 안전(安荃) ······ 181

좌랑 안경진 음을 애도하다

[挽安佐郎景鎭崟] 서봉령(徐鳳翎) ······ 185

간행 후기 ······ 187

《송촌집》 원문(영인) ······ 189

《송촌집》 서문

문강공(文康公) 우산(牛山) 안방준(安邦俊) 선생은 도학과 절의가 뛰어나 세상 유학자들의 종사(宗師)가 되었는데, 그의 손자 중에 학문과 행실이 독실하고 지조와 기개가 탁월하여 능히 가업을 계승한 사람이 있었으니, 송촌(松村) 선생 음(崟)이 바로 그 분이다. 선생은 인각봉취(麟角鳳嘴)[1]의 자질을 지니고 일찍부터 문강 선생의 가르침을 받아 덕기(德器)[2]가 성취되었고, 신독재(愼獨齋) 김집(金集)과 동춘(同春) 송준길(宋浚吉) 두 선생을 스승으로 섬기면서 경전과 예설을 강론하여 인정을 듬뿍 받았다. 또 우리 선조인 우암(尤庵) 송시열(宋時烈) 선생을 종유하면서 도의(道義)를 갈고 닦아 '사림(士林)의 근본'이라는 칭송을 들었으니, 이를 두고 옛말에 "그 산을 보지 않고 그 나무만 보아도 됨됨이를 알 수 있다."고 한 것이다.

선생은 처음 벼슬에 나가 조정에 섰을 때, 문곡(文谷) 김수항(金壽恒), 노봉(老峯) 민정중(閔鼎重), 광성부원군(光城府院

---

1) 인각봉취(麟角鳳嘴) : 기린의 뿔과 봉황의 부리. 대단히 진귀한 것 또는 현철(賢哲)한 사람을 비유함.

2) 덕기(德器) : 덕행(德行)과 기국(器局). 행(行)을 성취하는 것을 '덕(德)'이라 하고, 재(才)를 이루는 것을 '기(器)'라 함.

君) 김만기(金萬基), 청성부원군(靑城府院君) 김석주(金錫胄) 등 여러 현인들과 나란히 관직에 나아가 생황과 큰 종[笙鏞][1]처럼 잘 어우러진 정치를 폈을 뿐 아니라, 정도를 옹호하고 사술을 배척하는데 더욱 엄정하여 윤선도(尹善道)가 예론(禮論)에 가탁하여 흉악한 소장(疏章)을 올리자, 선생은 상소하여 기년복(期年服)이 옳다고 기탄없이 아뢰어 그 음험하게 날조된 뜻을 배척하였으며, 법률로 따져 멀리 내쫓기를 청하였다. 또 우암·동춘 두 선생이 관직을 삭탈당하고 원지로 유배되자 간흉들이 날조하여 모함한 정상(情狀)을 상소하여 변론하였는데, 말이 매우 적절했지만 오히려 임금의 뜻을 거슬러 축출을 당했다. 그러나 광성부원군이 아뢰어 천거함으로써 소명을 받고 입시하여 오전(五典)[2]·구덕(九德)[3]의 교훈과 팔정(八政)[4]·오극(五極)[5]의 전범을 조목조목 아뢰어 대양(對

1) 생황과 큰 종[笙鏞] : 생(笙)은 동쪽에 두는 악기로 '생장(生長)'을 노래하고, 용(鏞)은 서쪽에 두는 악기로 '성공(成功)'을 노래하니 서로 화음을 잘 맞춘다는 뜻이다.

2) 오전(五典) : 오상(五常 인·의·예·지·신) 또는 오륜(五倫)을 말함.

3) 구덕(九德) : 사람이 마땅히 지켜야 할 아홉 가지 덕. 즉 관이율(寬而栗)·유이립(柔而立)·원이공(愿而恭)·난이경(亂而敬)·요이의(擾而毅)·직이온(直而溫)·간이렴(簡而廉)·강이색(剛而塞)·강이의(彊而義).

4) 팔정(八政) : 국가를 다스리는 여덟 가지 정사(政事). 곧 식(食)·화(貨)·사(祀)·사공(司空)·사도(司徒)·사구(司寇)·빈(賓)·사(師). 식은 음식, 화는 농상무(農商務), 사는 제사, 사공은 토목척식(土木拓殖), 사도는 교육, 사구는 법률 경찰, 빈은 외교, 사는 군사를 말한다.

5) 오극(五極) : 오형(五刑)을 말함. 곧 순(舜) 임금 때의 묵(墨)·의(劓)·비(剕)·궁(宮)·대벽(大辟).

揚)[1]의 책임을 다했다. 윤휴(尹鑴)와 허견(許堅)이 체부(體府)를 따로 설치하고 은밀히 역모를 꾀할 때에, 광성부원군 · 청성부원군과 함께 역모의 기미를 밝히고 지략을 합하며 충의로 떨쳐 일어나 역적을 토멸하여 능히 사직을 보위하는 공훈을 세웠으니, 선생의 면모를 여기에서 자세히 살펴볼 수 있다. 그러나 불행하게도 당론(黨論)이 다시 격해져 조정이 안정되지 않으니, 분수를 헤아리고 의리로 따져 관직에 나아가려 하지 않고 마침내 호연(浩然)히 귀향하여 남은 생애를 보냈다. 마땅히 그쳐야 할 곳을 알아 급류에서 용감하게 물러나는 절개는 족히 완고한 사람을 청렴케 하고 나약한 사람을 일깨웠다.

선생이 세상을 뜬 후에 남도의 장보(章甫)[2]들이 그의 높은 기풍을 노래하고 사모하여 관작의 추증을 청하고 사우(祠宇)를 세워 제사할 것을 논하기도 했으니, 비록 당일에 시행되지는 못했지만 공론이 꺼지지 않았음을 알 수 있다. 아, 선생이 살던 세상에서 3백여 년이 지난 지금, 당시의 유문(遺文)은 수재와 화재로 잃어버리고 남은 것이 거의 없다. 선생의 후손 규호씨(圭灝氏)가 이를 한탄하여 떨어져 나간 글들을 수습하여 한 책을 엮고, 이를 각수장이에게 맡겨 출판하려다가 미처 착수하지 못한 채 세상을 뜨니 어찌 애석하지 않으랴. 그의 둘째 아들 종은(鍾殷)이 아버지의 뜻을 이어 다

1) 대양(對揚) : 군명(君命)에 대답하여 그 뜻을 천하에 들춰내는 것.
2) 장보(章甫) : 공자가 은나라 때부터 내려온 장보관(章甫冠)을 썼으므로 장보는 유학자를 가리킴.

시 그의 족숙 회봉공(晦峰公) 규용(圭容)에게 교정을 받고, 또 회봉공의 아들 종선씨(鍾宣氏)의 소개로 나에게 서문을 청하니, 나는 다음처럼 말한다.

선생의 가학(家學)의 올바름, 사우(師友)의 융성함, 국가를 위한 충성, 간신을 물리친 엄정함, 뜻을 감출 줄 아는 명석함은 이미 당시 여러 현인들이 인정한 바이고, 또 장보들이 널리 칭송하는 것으로 백세가 지나도 증명할 수 있으니, 유문의 전하고 전하지 못함이 어찌 선생을 평가함에 손익이 될 수 있겠는가. 그렇긴 하나 ≪시경≫에서 "저 뽕나무와 가래나무를 반드시 공경하라."[1]고 말했으니, 뽕나무와 가래나무는 선조가 심은 나무일뿐인데도 오히려 공경하거늘, 하물며 그 글은 해타(咳唾)[2]에서 나온 것이니 더욱 애틋하게 보고 보배처럼 간직해야 하지 않겠는가. 그 후손이 정성을 다해 편집하고 간행하여 길이 전하려는 것은 마땅한 일이다. 돌아보건대 나처럼 인품이 미약하고 문장이 졸렬한 사람은 참으로 서문 쓰는 일을 감당할 수 없지만, 선조들의 두터운 세의를 생각하여 차마 사양하지 못하고, 삼가 주부자(朱夫子)가 타인

---

1) 저……공경하라 : 《시경》〈소아(小雅) 소변(小弁)〉에 "뽕나무 가래나무 하찮은 것도, 반드시 공경하길 마지않는데, 존경할 분 오로지 아버지요, 의지할 분 오로지 어머니라.[維桑與梓 必恭敬止 靡瞻匪父 靡依匪母]"하였다. 가래나무는 부모가 심어 자손에게 물려준 것이라 하여 고향을 뜻한다.

2) 해타(咳唾) : 기침과 침. 기침과 침이 말할 때 나오므로 뜻이 바뀌어 '어른의 말씀'으로 쓰임.

의 글에 서문을 쓸 때 먼저 그 사람의 됨됨이를 서술한 전례에 근거하여 감히 이처럼 논함으로서 종선씨의 간청에 부응하려 한다.

계사년(1953) 단오절에,
딕은(德殷) 송재직(宋在直)이 심가 서문을 쓰다.

《송촌집》 제1권

《송촌집》 제1권

〈시(詩)〉

할아버지가 빙호추월[1]에 대해 읊어보라고 명하자 곧 소리 내어 호응하다
[王父命吟氷壺秋月應聲輒呼] 9세에 지음

가을 달은 얼음 병처럼 깨끗하고　　秋月氷壺潔
얼음 병은 가을 달만큼 서늘하구나　　氷壺秋月凉

---

1) 빙호추월(氷壺秋月) : 얼음을 넣은 옥 단지와 가을 달이라는 뜻으로, 청렴하고 결백한 마음을 이르는 말. 송(宋)나라 도학자 이동(李侗)의 높은 인격을 말하기도 한다. ≪송사(宋史)≫ 권 428에 "등적(鄧迪)이 일찍이 주송(朱松 주희(朱熹)의 부친)에게 말하기를, '원중(愿中 이동의 자임)은 마치 빙호추월(氷壺秋月)과 같아 한 점 티가 없이 맑게 비치니 우리들이 따라갈 수가 없다.'" 하였다. 안음의 조부 안방준(安邦俊)은 이를 추모하여 자신의 호를 빙호자(氷壺子)라고도 했다.

우산정사에서 고송팔매[1])를 노래하다 [牛山精舍詠孤松八梅] 10세에 지음

시내 곁에는 정사가 높다랗고	溪傍精舍屹
화단 아래는 석대가 비스듬하다	壇下石臺斜
절개 있는 고송은 정정히 섰고	孤節亭亭立
여덟 매화는 나무마다 꽃이라네	八梅樹樹花

1) 고송팔매(孤松八梅) : 안음의 조부인 안방준은 40여세 무렵에 보성 문덕면 우산리(牛山里)에 정사(精舍 우산전사(牛山田舍)라고도 함)를 지었다. 또 시내 동쪽에 단(壇)을 쌓아 소나무 한그루와 매화 여덟 그루[孤松八梅]를 심어놓고 정치를 떠나 전원생활을 하였다.

할아버지의 회갑 생신을 맞아 [王父初度晬辰]

상서로운 해가 고당에 떠오르니　瑞旭上高堂
반도[1]를 드리고 술잔도 올리네　奉蟠又進觴
저 멀리 반짝이는 노인성이여　老人星在彼
영원히 꺼지지 않는 빛이 되어라　世世願增光

1) 반도(蟠桃) : 선경(仙境)에 있다는 큰 복숭아. 장수(長壽)를 비는 데 쓰인다. 원래는 서왕모(西王母)가 심은 복숭아로, 3천 년에 한 번 꽃이 피고 3천 년에 한 번 열매를 맺으며 이를 먹으면 불로장생한다고 한다. ≪태평광기(太平廣記)≫ 권3.

파주에서 섣달그믐 밤을 보내며
[坡山除夜]

한밤에 나누는 친밀한 대화	夜分情話親
객이 될 손 빈이 되지 말라	爲客不須賓
이곳은 난초로 목욕한 땅이니[1]	此是蘭湯地
아득히 슬픈 느낌이 새롭구나	悠然感愴新

---

1) 난초로……땅이니 : 난탕(蘭湯)은 향기로운 난초를 넣어서 끓인 물을 말하는데, 옛사람들이 난초가 불상(不祥)한 것을 물리칠 수 있다 하여 난탕으로 목욕재계를 했다고 한다. ≪대대례기(大戴禮記)≫ 〈하소정(夏小正)〉에 의하면 "단오일에는 난탕으로 목욕을 한다.[午日以蘭湯沐浴]"라고 하였다. 여기서는 태어날 때 이 물로 목욕했다는 의미이니 곧 자신의 출생지를 말한 것 같다. 안음의 어머니는 파주의 창녕성씨(昌寧成氏)로, 우계(牛溪) 성혼(成渾) 선생의 손녀이고, 안음은 바로 파주 외가에서 태어났다.

남한산성의 포위가 풀렸다는 소식을 듣고 하늘을 향해 울면서 통곡하다 [聞南漢解圍號天痛哭]

해도 별도 보이지 않는 하늘 가	日星不見天
격한 우레소리 하늘에 묻지 마소	雷霆莫問天
노사[1]는 존주 의리를 담은 것	魯史尊周義
어찌 적과 한 하늘을 같이 이리	忍何共戴天

1) 노사(魯史) : 공자가 저술한 노나라의 역사서인 ≪춘추(春秋)≫를 말함. 은공(隱公)부터 애공(哀公)까지 12공 242년간의 역사를 엄정한 의리(義理)에 입각하여 시비선악을 가리는 포폄(褒貶)을 가함.

신독재[1] 문하에 모여 강론할 때 [會講于愼獨齋門下]

집 안 가득 화목한 기운이건만	滿堂和氣中
자기의 뜻을 말함은 서로 다르네	言志不相同
증점처럼 비파를 누가 먼저 놓고	點瑟誰先舍
앞 내에서 목욕하며 바람을 쐴까[2]	前川可浴風

1) 신독재(愼獨齋) : 안음의 스승인 김집(金集)의 호. 1574-1656. 자는 사강(士剛). 김장생의 아들이며 지평·집의를 거쳐, 효종 때에 이조판서가 되어 북벌을 계획하였으나, 김자점이 이 사실을 청나라에 밀고하자 관직을 사임하고 예학(禮學)을 연구하였다. 저서에 ≪신독재집≫이 있다.

2) 증점[曾點]처럼……쐴까 : ≪논어≫ 〈선진(先進)〉 25장을 보면, 제자 자로(子路)·증석(曾皙)·염유(冉有)·공서화(公西華)가 공자를 모시고 앉아 있는데, 공자가 제자들의 뜻을 차례로 들어보고 마지막으로 증석에게 물었다. "점(點)아, 너는 어떠하냐?" 증점은 드문드문 타던 비파를 치렁 소리가 나게 밀어놓고 자리에서 일어서며[舍瑟而作], "늦은 봄철에 봄옷이 만들어지거든 어른 대여섯 명과 아이들 육칠 명과 함께 더불어 기수에서 목욕하고[浴乎沂] 무우에 올라 바람을 쏘이고[風乎舞雩] 노래를 부르면서 돌아오겠습니다."라고 대답했다. 그러자 공자는 깊이 탄식하며 말했다. "나도 증점의 의견을 따르겠노라.[吾與點也]"

죽원사[1]에서 스님들과 이별하며 주다 [竹院寺贈別諸僧]

속세의 손님 깊은 산에 들어오니	俗客入山深
하늘이 이어진 듯 수목이 짙구나	連天樹木陰
기괴한 바위는 부처모습과 비슷하고	怪巖依佛像
노래하는 새는 경전소리에 화답하네	歌鳥和經音
기미를 알아 세상 시름을 잊고	知機忘世慮
도를 닦아 하늘마음을 깨달으리	修道覺天心
시를 주며 스님들과 이별할 제	寄語諸僧別
차 석 잔[2]이 백금보다 낫구려	茶三勝百金

---

1) 죽원사(竹院寺) : 지금 전남 보성군 천봉산에 있는 대원사(大原寺)를 말함.

2) 차 석 잔 : 유숙(柳淑)의 〈가야사 주지 노스님의 시를 차운하여[次伽倻寺住老詩]〉에서, "한가한 가운데 그윽한 맛은 차 석 잔, 꿈속의 공명은 종이 한 장이라.[閑中氣味茶三椀 夢裏功名紙一張]" 하였고, 김인후(金麟厚)의 ≪백련초해(百聯抄解)≫에서, "산승의 생계는 차 석 잔이요, 어부의 생애는 낚싯대 하나로다.[山僧計活茶三椀 漁父生涯竹一竿]" 하였다.

파주 서당에서 서파 오도일, 우재 조지겸과 함께 얘기를 나누다 [坡塾與吳西坡道一趙迂齋持謙共話]

공자의 집과 담은 우뚝한데	夫子宮墻屹
안자와 증자가 앞뒤에 서 있네	顔曾在後前
같은 문하 세 명의 세의는	同門三世誼
바로 파주에 원천이 있었지[1]	坡上有源泉

1) 같은……있었지 : 파숙(坡塾)은 우계(牛溪) 성혼(成渾)이 강학한 파주 서당을 뜻하는데, 안음의 조부 안방준(安邦俊), 오도일의 조부 오윤겸(吳允謙)은 성혼의 문인이고, 조지겸의 조부 조익(趙翼)은 윤근수(尹根壽)의 문인이지만 안방준 · 오윤겸과 친밀하였다.

노성을 지나다가 이구산[1])에 올라 [過魯城登尼丘山]

- 원문 빠짐 -

땅은 요하로 나뉘었으나 이름이 같으니	地分遼夏名相埒
비슷한 모양과 정신이 영원히 새롭구나	彷佛形精萬古春

1) 이구산(尼丘山) : 원래 중국 산동성 곡부현에 있는 산 이름. 공자의 어머니 안징재(顔徵在)가 이곳에서 기도하여 공자를 낳았다고 하는데, 명재(明齋) 윤증(尹拯)이 살던 충청도 노성(魯城)에도 이구산이 있었다.

북당[1]의 회갑 생신을 맞아
[北堂初度晬辰]

예순에도 부모에게 효도한 아버지	親年六十孝于親
만력 경인년에도 이 생신이 있었네	萬曆庚寅又此辰
요도[2] 올려 천세의 장수를 비나	願上瑤桃壽千歲
촌초한 마음 삼년을 갚기 어려워라[3]	難將寸草報三春

1) 북당(北堂) : 첫째, 옛날 사대부 집안의 동쪽 집채의 북반부에 주부(主婦)가 거처하였으므로 전하여 주부를 말함. 둘째, 어머니 또는 훤당(萱堂)을 말함. 여기서는 아버지 안후지(安厚之)를 지칭한 것으로 보임.

2) 요도(瑤桃) : 진귀한 복숭아. 장수를 비는 데 쓰임.

3) 촌초한……어려워라 : 촌초(寸草)는 부모의 은혜를 갚고자 하는 마음. 춘휘(春暉)는 부모의 광대한 은혜를 봄날에 비유함. 촌초춘휘(寸草春暉)는 부모의 은혜는 만분의 일도 갚기 어렵다는 말. 맹교(孟郊) 〈유자음(遊子吟)〉

파주의 매변당[1]에서 [坡山梅邊堂]

시냇가 소나무 아래에 한 그루 매화　　松下溪邊一樹梅
고요한 자태 속된 선비와 어울리지 않네　　恬靜非爲俗士家
눈 속에서 항상 봄뜻 좇아 일찍 피니　　雪裏常從春意早
어찌 복숭아와 오얏 따라 화려하랴　　肯隨桃李向繁華

---

1) 매변당(梅邊堂) : 안음의 외삼촌 성직(成稷, 1586-1680)의 당호임. 본관은 창녕(昌寧). 자는 자교(子喬), 호는 매변(梅邊) 또는 정옹(鼎翁). 성혼(成渾)의 손자이며, 현감 성문준(成文濬)의 아들이다. 1649년(인조 27) 양근군수를 거쳐, 1652년(효종 3) 안산군수로 있다가 1664년(현종 5) 선공감첨정을 역임하였다. 1665년 80세의 나이로 첨지중추부사, 돈령부 도정에 올랐다. 글씨에 뛰어나 특히 큰 글자를 잘 썼다. 시호는 정혜(靖惠)이다.

막내 외삼촌 매변당 성직의 망모시를 차운하여 드리다 [次呈季舅梅邊堂稷望耄韻]

노인성은 망모[1]의 잔치를 비추고	老人星照望耄筵
흰 머리 아이 얼굴은 신선과 같네	鶴髮童顔恍若仙
세상 둘러봐도 이만한 즐거움 없으니	環顧世間無此樂
내년의 천작[2]도 올해만 같아라	明時天爵又今年

---

1) 망모(望耄) : 모(耄)는 일흔 살. 일설에는 여든 살, 또는 아흔 살이라고 도 함. 성직(成稷)은 95세까지 장수하였다.

2) 천작(天爵) : 자연히 세상 사람들에게 존경을 받는 날 때부터 갖추고 나온 덕. 또는 타고난 나이. 인작(人爵)에 대한 용어이다. ≪맹자≫ 〈고자상(告子上)〉

동춘 선생[1]에게 올린 만사
[同春先生輓]

석담[2]의 학문을 전수하여 도통이 참되니　　傳受石潭道統眞
선비가 종주로 받드는 나라의 스승이로다　　士林宗主國師賓
장차 기년의 복제를 정복으로 삼고자　　料將正服朞年制
영릉[3]을 찾아 배알하고 간곡히 아뢰겠지　　歸謁寧陵也懇陳

1) 동춘 선생(同春先生) : 안음의 스승 송준길(宋浚吉, 1606-1672)의 당호. 본관은 은진, 자는 명보(明甫). 이조판서를 지내면서 노론의 거두로 활약하였고, 성리학과 예학에 능하였다. 저서에 ≪동춘당집≫·≪어록해≫ 따위가 있다.

2) 석담(石潭) : 율곡(栗谷) 이이(李珥)가 해주의 석담(石潭)에 은거하면서 학문을 연마하였기 때문에 세상 사람들이 '석담부자(石潭夫子)'라고도 불렀다.

3) 영릉(寧陵) : 여주에 있는 조선조 효종(孝宗)의 왕릉.

외제 참봉 양우성[1]에게 바친 만사 [外弟梁參奉禹成輓]

자연[2]처럼 장수하지도 못하더니	子淵曾未躋仁壽
백도[3]처럼 뒤 이을 아이도 없네	伯道終無繼後兒
저 온 누리를 두루 밝혀 보아도	夫以廣明天地大
나의 이 유감을 무엇으로 견주리	吾從遺憾此何其

일찍 천교[4]하여 꽤나 출중하더니	早學遷喬迥出群
풍진 세상에 벼슬을 뜬구름처럼 여겼지	塵中一宦視浮雲
가문 이으려 스스로 명령[5]을 두었건만	傳家自有螟蛉誨
옥비파 타는 서쪽 창엔 해가 또 저무네	瑤瑟西牕日亦曛

1) 양우성(梁禹成) : 안방준의 사위 양일남(梁一南)의 아들. 병사(兵使) 양우급(梁禹及)과 형제간이다.

2) 자연(子淵) : 공자의 제자인 안회(顔回)의 자.

3) 백도(伯道) : 진(晉) 나라 등유(鄧攸 자(字)가 백도(伯道)임)가 난적(亂賊)을 만났을 때, 일찍 죽은 아우의 아들을 살리기 위해 자기 아들을 버리고 갔는데, 그 뒤에 끝내 후사를 보지 못했다는 고사가 전해 온다. ≪진서(晉書)≫ 〈등유전(鄧攸傳)〉

4) 천교(遷喬) : 꾀꼬리가 골짜기에서 나와 교목(喬木)에 옮겨 앉는다는 뜻으로 과거에 급제하는 일. 앵천(鶯遷)과 같은 뜻.

5) 명령(螟蛉) : 배추벌레인데 나나니벌이 업고 가서 기른다는 전설에서 양자(養子)를 뜻함.

문여화 희순[1)]의 태고정 시를 차운하다 [次文汝華希舜太古亭韻]

태고정이 이루어지니 태고 적 얼굴	太古亭成太古顔
천황이 가까워 강산을 좋아할 밖에	天皇咫尺好江山
섬돌 머리에서 부앙하니 천지가 크고	磯頭俯仰乾坤大
난간 위에서 소요하니 일월이 한가롭다	欄上逍遙日月閒
맑은 거울같은 물에 다가가 고기를 보고	臨水觀魚明鏡裏
흰구름은 두둥실 솔에 기대 학소리 듣네	倚松聞鶴白雲間
지금도 여전히 찬란한 빛이 내리 쬐니	至今尙得光輝侍
공명을 섬기는 일에 어찌 관여하겠나	餘事功名豈所關

1) 문여화 희순(文汝華希舜) : 1597-1678. 본관은 남평(南平). 자는 여화(汝華). 문익점(文益漸)의 후손이며, 문재도(文載道)의 아들이다. 어려서부터 글 솜씨가 뛰어났고, 안방준(安邦俊)의 문하에서 수학하였다. 일찍이 과거를 보기 위하여 서울에 올라왔다가 성리학의 깊은 이치를 듣고는 미련 없이 벼슬을 단념하고 귀향하였다. 천황대(天皇臺)에 태고정(太古亭)을 짓고 거주하면서 풍류를 즐겼다. 이보다 앞서 1636년 병자호란이 일어나자 의병을 규합하여 안방준을 따라 나갔으나 여산(礪山)에 이르러 인조가 남한산성에서 항복하였다는 소식을 듣고 통탄하며 되돌아왔다.

외제 병사 양우급[1]에게 바친 만사
[外弟梁兵使禹及輓]

통곡하오 저승으로 떠나는 길	痛哭秦京道
한조각 깃발만 처량히 나부끼니	凄凉一片旌
강가에 오래도록 우두커니 서서	江干延佇立
눈 닿는 곳까지 슬픈 정 다 쏟네	極目摠悲情

1) 양우급(梁禹及) : 1630-1683. 안방준의 외손자. 본관은 제주(濟州), 자는 찬경(纘卿), 보성군 득량면 박곡(亳谷)에서 출생함. 무과에 급제하여 죽산부사, 전라병사를 지냈고 ≪병사양공실기≫를 남겼다.

또[又]

큰형 소와공(卲窩公)[1]을 대신하여 짓다

인척의 즐거운 정이 늙어서 더욱 깊어	婣睦歡情老更深
호해에서 서로 찾아본 지 몇 번이던가	幾多湖海兩相尋
버슬 던져 사양하는 의리에 딱 맞았고	投簪允合終辭義
비석 다듬어 사모하는 마음 크게 꾀하네	治碣丕圖永慕心
천리 먼 동쪽 중화에서 결사를 통하여	千里東華因結社
십년 차가운 달이나 함께 흉금을 논했네	十年寒月共論衿
존망이 갈린 이 날 서글픈 마음 더하니	存亡此日增悽怛
바람 앞에 홀로 서 하염없는 눈물 흘리고	獨立風前淚不禁

1) 소와공(卲窩公) : 소와는 안전(安峑, 1614-1684)의 별호. 자는 경인(景仁), 인조(仁祖) 26년(1648)에 진사시에 합격하고 음직으로 송화현감(松禾縣監)을 지냈다.

파주에서 옛날 감회에 젖어[1]
[坡山感舊]

신령한 샘물 끊임없이 흐르고　　靈泉不捨流
늙은 측백 가을을 몇 번 보냈을까　　老栢幾經秋
예서 다시 서리와 이슬 밟아보니　　到此履霜露
두 눈의 눈물 곱절이나 떨어진다　　倍添雙淚垂

---

1) 파주에서……젖어 : 이 시는 안음이 노년에 파주 외가를 찾아가, 태어나서 성장하던 시절과 어머니 성씨(成氏 성혼(成渾)의 손녀) 부인의 사랑을 그리워하며 지은 것이다.

화양동에서 의종황제의 어필[1]을 봉심하고 통곡하며 감회를 읊다 [華陽洞奉審毅宗皇帝御筆痛哭感吟]

사신[2]이 비에 옷 젖듯 피눈물 흘린 것은　詞臣血淚雨霑衣
해와 달처럼 빛나던 휘황한 어필 때문이네　御筆煌煌日月輝
재건해준 황제 은혜에 보답할 길 없으니　再造皇恩無地報
황하에서 어찌 병기를 씻고 돌아올까　黃河那得洗兵歸

---

1) 의종황제의 어필 : 의종은 명나라 마지막 황제인 숭정제(崇禎帝) 주유검(朱由檢, 1611-1644)을 말함. 의종은 묘호(廟號)이고, 숭정제란 그 치세가 숭정이라는 연호를 가졌던 데 근거한 호칭이다. 화양구곡 가운데 제 5곡이 첨성대(瞻星臺)인데 이곳에 명나라 신종의 글씨와 의종의 '비례부동(非禮不動)'이란 글씨가 새겨진 바위가 있다.
2) 사신(詞臣) : 홍문관(弘文館) 또는 한림원(翰林院) 관원 등 문학을 관장하는 신하를 말한다.

빙호정[1]에서 꿈에 읊다 [氷壺亭夢吟]

벼슬아치 풍파 속에 몇 년을 보내다	宦海風潮閱幾年
전원으로 돌아와 신선이 되었다네	歸來平地作神仙
달 뜬 큰 바다에 작은 배 정박하니	小舟移泊滄溟月
바로 이곳이 인간세상의 별천지라	除是人間別有天

1) 빙호정(氷壺亭) : 빙호정사(氷壺精舍)에 있었던 배회정(徘徊亭)을 지칭한 것으로 보임. 이 정자는 안음의 고조부 둔암(鈍庵) 안축(安舳)이 명종조에 윤원형(尹元衡)·이기(李芑)·임백령(林百齡) 등 간신들의 회유를 피해 영광 군수를 그만두고 고향으로 돌아와 조성한 것이다. ≪은봉전서(隱峰全書)≫ 권4, 〈둔암 부군의 유사[鈍庵府君遺事]〉를 보면, "공은 영광 군수를 그만두고 보성의 촌사(村舍)로 돌아와 소나무와 대나무가 우거진 숲 속에 정사(精舍)를 짓고 '빙호(氷壺)'라는 편액을 달았다. 또 배회정(徘徊亭)을 지어 한가롭게 경전과 사서(史書)를 읽으며 장차 목숨을 마치려 했다."고 하였다. 이 정자는 보성읍 택촌 송산(松山)에 있었다.

〈소(疏)〉

윤선도를 법률로 처벌할 것을 청한 상소[1] [請善道按律疏]

삼가 생각건대, 하늘이 우리를 불쌍히 여기지 않으시어 성덕 높은 선왕(先王 효종)께서 세상을 떠나시니, 우리 신하와 백성들은 의지할 곳이 없다가 다행히 효성이 지극하고 자애로우며 거룩한 전하께서 능히 순(舜)임금 같은 덕을 갖추시고 온 나라가 합심되었기에 비로소 삼대(三代)[2]와 같은 지극한 정치를 바랄 수 있게 되었습니다. 그런데 요즈음 뜻하지 않게 간사한 말과 포악한 행동을 일삼는 무리가 흉악한 소장을 써 올리자, 그 중 복제(服制) 한 조항을 친히 비국(備局)[3]에 자문하시니, 아마도 전하의 마음에 의심이 없을 수 없을 것입니다. 신이 비록 매우 어리석으나 조금은 예(禮)의 뜻을 알고 있으니, 어찌 상황이 어수선하다 하여 감히 전하께 명백히 진달하여 변론하지 않을 수 있겠습니까.

---

1) 상소 : 효종이 승하한 뒤 1660년(현종 1)에 올린 상소. 윤선도의 국복(國服) 문제에 대한 망발을 추궁하고 죄를 줄 것을 청하고 있다.
2) 삼대(三代) : 중국 고대에 가장 이상적인 정치를 구현한 하(夏)·은(殷)·주(周) 세 왕조.
3) 비국(備局) : 비변사(備邊司)를 말함. 조선조 때 군국(軍國)의 사무를 맡아보던 관청.

조용히 생각해 보니, 자의전(慈懿殿)[1]께서 상복을 입는 제도는 역대의 제왕가에서 거의 겪어보지 못한 일인데, 우리 인조대왕께서 살아 계실 때에 이미 을유년[2]의 복상(服喪)을 3년으로 정하였습니다. 그렇다면 이번에 또 3년의 상복을 입는 것은 옳지 않다고 생각했기 때문에, 장례신(掌禮臣)[3]들은 서로 경계하며 두려워하고 근신하면서 "고례(古禮)에 의거할 수 없다."하고, 또 "상복을 두 가지 예(禮)로 나눌 수 없다."고 하였습니다. 따라서 국제(國制)[4]와 ≪대명률(大明律)≫[5]에

---

1) 자의전(慈懿殿) : 인조의 계비인 조대비(趙大妃)를 말함. 1659년에 효종이 돌아가자 모후인 조대비의 복상(服喪)은 서인(西人)의 뜻을 따라 기년(朞年)으로 정하고 곧 현종이 즉위하였다. 그런데 이듬해인 1660년(현종 1)에 남인(南人) 허목(許穆) 등이 상소하여 조대비의 복상에 대해 3년 설을 주장하면서 들고 일어나 서인을 맹렬히 공격하여 잠잠하던 정계에 풍파를 일으켰다. 이에 대해 서인 송시열(宋時烈)은 효종은 인조의 제2 왕자이므로 계모후(繼母后)인 조대비의 복상에 대해서는 기년설이 옳다고 대항하였고, 남인 윤휴(尹鑴) 등은 또 다시 이를 반박하여 효종은 왕위를 계승하였기 때문에 장자(長子)나 다름없으니 3년 설이 옳은 것이라고 반박하였다. 그러나 서인의 기년설이 그대로 채택되어 더욱 세력을 얻게 되었다. 이것이 이른바 '1차 예송(禮訟)'이다.
2) 을유년 : 1645년에 소현세자(昭顯世子)가 죽었을 때, 조대비의 복상을 3년으로 정한 일.
3) 장례신(掌禮臣) : 궁중의 의식, 제사와 모든 능과 종실, 귀족에 관한 일을 맡은 관료.
4) 국제(國制) :≪경국대전(經國大典)≫과 ≪국조오례의(國朝五禮儀)≫ 따위.
5) 대명률(大明律) : 중국 명나라의 기본적인 형법전(刑法典). ≪당률(唐律)≫을 참고하여 엮은 것으로, 건국 당초에 명령(明令)과 더불어 공포하고 여러 번 수정했는데, 1397년에 수정 공포한 것이 최후의 율(律). 명례률(名例律), 이률(吏律), 호률(戶律), 예률(禮律), 병률(兵律), 형률(刑律), 공률(工律)의 7편 30권 460조로 구성됨.

근거하여 기년복(朞年服)으로 정하도록 건의한 것입니다. 이는 대개 성인종주(聖人從周)[1]의 의리를 따른 것이니, 어찌 예법에 맞지도 않은 예를 지존(至尊)께 가하여 하늘을 잇고 있는 한 줄기 왕통을 둘로 나누려는 것이겠습니까.

이른바 윤선도(尹善道)는 본래 음험하고 간교한 자로서 윤휴(尹鑴)와 당을 같이 하니, 모두 이들은 강과 바다에 버려진 처지에 원한을 쌓고 독기를 품어 온 지가 오래되었습니다. 이번 기회를 맞이해서 윤선도는 예의(禮議)에 가탁하여 '종통을 끊고 일통을 나눈다.[絕宗貳統]'는 흉측한 논리를 만들고 있으니, 이것이 어찌 신하된 자로 차마 할 짓이며 차마 말할 수 있단 말입니까. 아, 국가의 종통이란 하늘에 떠 있는 해와 같아 밝게 높이 떠서 오래 존재하는 것이니, 아래 있는 자들이 감히 논란하여 존비(尊卑)를 옮길 수 있는 바가 아닙니다. 만약 한 털끝만큼이라도 이 차이를 범한 자가 있다면 그는 곧 역신이 되는 것입니다. 이것은 명백한 이치이니 어찌 저 윤선도의 무리들만 이를 알 수 있고, 나머지 사람들은 모두 알 수 없어서 스스로 역신의 죄에 빠질 수 있겠습니까.

대개 성인이 예법을 만들 때, 복제(服制)의 법을 정밀하게 나누느라 여러 가지 조목을 두었으니, 부모가 장자(長子)에 대해 3년 상으로 한 것은 대개 4세를 전해오는 적장자(嫡長子)라야만 3년 복을 입을 수 있는 것이며, 차적자(次嫡子)로

1) 성인종주(聖人從周) : 공자 같은 성인도 예를 고증함에 주공(周公)이 제정한 ≪주례(周禮)≫를 기본으로 삼았음.

부모를 대신하여 조부모 복을 입고 승중손(承重孫)이 되는 경우도 역시 장자와 다름이 없이 합니다. 그러나 그 형이 상년(殤年)[1]에 일찍 죽었거나 유고(有故)가 있어 폐절(廢絕)된 경우가 아니면, 다시 상복을 중첩해서 입는 이치가 없는 것입니다. 그 나머지로 비록 부모를 대신해서 복을 입는 승중손이라도 3년 복을 입지 못한 자가 또한 많습니다. 만약에 반드시 적자에서 적자로 서로 계승되어 부모가 자식에 대해 3년 복을 입은 후에 그 종통을 전해 갈 수 있다면, 고금 천하에 국가의 종통이 끊어지지 않는 경우가 거의 드물 것입니다.

명나라의 성조(成祖)와 서한의 문제(文帝) 때에도 혹은 차적자(次嫡子)로, 혹은 지자(支子)와 서자(庶子)로 대통을 이어 왕위를 영구히 전해 왔습니다. 만약 성조와 문제의 붕어한 해가 고황(高皇)[2]과 한조(漢祖)[3]의 앞에 있어서 고황과 한조로 하여금 복을 기년(朞年)만 입게 하였다면, 한나라와 명나라의 대통이 마침내 끊어져서 한나라와 명나라는 존재할 수 없게 되었을까요?

제왕들의 제도는 대대로 변천되어 온 내력이 있습니다. 명나라와 조선조에 이르러 처음엔 장자를 위해 3년 복을 입은 예가 없었지만, 국통이 이로 인하여 단절될까 의심한 경우를

1) 상년(殤年) : 16-19세까지에 죽는 것을 장상(長殤), 12-15세를 중상(中殤), 8-11를 하상(下殤)이라 하고, 7세 이하를 무복지상(無服之殤)이라 한다.
2) 고황(高皇) : 명나라 태조(太祖) 주원장(朱元璋)을 말함.
3) 한조(漢祖) : 한나라 고조(高祖) 유방(劉邦)을 말함.

아직 듣지 못했습니다. 명종(明宗)의 상에 공의전(恭懿殿 인종의 비 박씨)이 입어야 할 상복을 논의할 적에 선정신(先正臣)[1] 이황(李滉)은 형수와 시숙의 관례로 행해야 할 것이라고 말했는데, 기대승(奇大升)은 '삼년계통(三年繼統)'의 의리를 여러 곳에서 뽑아내었습니다. 그러나 이황이 "어찌 기년(朞年)에 그치지 못할 이치가 있겠는가."라고 반박하자, 공의전의 복은 마침내 기년에 그쳤으며 기대승도 역시 이의를 달지 않았습니다. 이는 비록 3년 복의 의리를 여러 곳에서 뽑아내어도, 이를 복술(服術)[2]에서 궁구해 보고 사종설(四種說)[3]로

---

1) 선정신(先正臣) : 선정은 학덕이 높은 작고한 유현(儒賢)을 말함. 곧 유현인 신하.

2) 복술(服術) : ≪예기≫ 대전(大傳)에 이르기를, "상을 당하여 복을 입는 데에는 여섯 가지 방도가 있다. 첫째는 친족의 친함 정도에 따르는 것이고, 둘째는 존비의 차등에 따르는 것이고, 셋째는 어머니나 처의 친족일 경우 그 이름의 차이에 따르는 것이고, 넷째는 여자로서 아직 집에 있느냐 이미 출가하였느냐의 차이에 따르는 것이고, 다섯째는 장유의 차등에 따르는 것이고, 여섯째는 종복이기 때문에 정식 상복과 다른 것을 따르는 것이다.[服術有六 一曰親親 二曰尊尊 三曰名 四曰出入 五曰長幼 六曰從服]" 하였다.

3) 사종설(四種說) : ≪의례(儀禮)≫ 〈상복(喪服) 참최(斬衰)〉에, "아버지가 장자를 위하여 참최 삼년(斬衰三年)을 입는다.[父爲長子]" 하였고, 그 전(傳)에, "어찌하여 3년으로 하는가? 위에서 정과 체가 되고, 또 장차 전중(傳重)하기 때문이다. 서자가 장자를 위하여 삼년복을 입지 못하는 것은 할아버지를 잇지 않았기 때문이다.[何以三年也 正體於上 又乃將所傳重也 庶子不得爲長子三年 不繼祖也]" 하였는데, 가공언(賈公彦)이 소(疏)에서 비록 승중(承重)하였더라도 승중한 아들을 위해 삼년복을 입을 수 없는 네 가지 경우를 언급하였으니, 이것이 사종설이다. 네 가지 경우는, 첫째는 정(正)이고 체(體)이지만 전중할 수 없는 경우로 적장자가 폐질(廢疾)이 있어 종묘를 주관할 수 없는 경우를 말하고, 둘째는 전중

참고해 보면, 역시 기년에서 그치지 않을 수 없었기 때문입니다.

지금 윤선도는 도리어 기대승의 말을 인용하여 증거로 삼고 있으나, 이 역시 생각이 미치지 못한 결과입니다. 그가 논한 예(禮)는 단지 '서자(庶子)로 후계를 세운다.[立庶爲後]'는 문맥만 보고, 제2의 적자(嫡子)를 통틀어 서자(庶子 여러 아들들)로 보는 의미를 삭제한 채, 단적으로 '서자를 후계로 세운다.'는 '서(庶)'자를 첩의 자식을 서[妾庶]로 부르는 '서'자로 돌렸습니다. 이를 단서로 잡아 전하의 진노를 일으키고 온 세상을 공갈 협박하니, 그의 진실은 예를 논하는 데 있지 않고 음험하고 흉측한 행위를 조성하고 있음이 이미 글에 나타나 있습니다. 따라서 예절을 논하는 여러 신하들은 그들과 천지의 사이에 나란히 설 수가 없습니다.

삼가 바라건대, 전하께서는 속히 올바른 법률을 내리시어 예법에 항거한 간사한 죄인들을 엄정하게 다스리시고 안팎의 모든 백성들로 하여금 복종하게 하신다면, 국가적으로 매우 다행한 일일 것입니다. 황공무지하게도 전하께 호소하면서 간절히 빕니다.

하였지만 정도 아니고 체도 아닌 경우로 서손(庶孫)이 후사(後嗣)가 된 경우를 말하고, 셋째는 체이기는 하지만 정이 아닌 경우로 서자를 후사로 삼은 경우를 말하고, 넷째는 정이기는 하지만 체가 아닌 경우로 적손(嫡孫)을 후사로 삼은 경우를 말한다. 여기에서 정(正)은 적통(嫡統)을 의미하고, 체(體)는 친자식을 의미한다. ≪의례주소(儀禮注疏)≫ 권29, 〈상복(喪服)〉 편, 가공언(賈公彦)의 소(疏).

비답(批答)에서 이르기를, “상소의 내용을 자세히 살펴보았다. 매우 가상하다. 윤선도의 망발은 마땅히 법률에 의해 처벌할 것이다.” 하였다. 윤선도를 삼수(三水)로 귀양 보냈다.

윤선도에게 형률을 더할 것을 청한 상소[1] [請善道加律疏]

삼가 생각건대, 해와 달이 너무 빨리 지나가 계절이 또 바뀌게 되고, 재기(再朞 효종의 2주기 제사)도 문득 지나고 나니, 신민(臣民)들은 새롭게 복받치는 슬픔을 어떻게 할 줄 모르겠습니다. 우리 전하께서는 대통을 이은 복인(服人)으로서, 효성으로 다스리는 마음이 밤낮으로 해이치 않으시고, 좋은 것도 싫은 것도 편안함과 즐거움도 없이 한결같이 선대왕의 길을 따르며, 먼저 어진 이를 등용하는 길을 열고 다시 사간원을 잘 정비하시니, 그처럼 어진 이를 찾고 덕을 숭상하는 효험이 장차 복을 받고 화평을 불러올 조짐이 되리라 믿었습니다. 그런데 뜻하지도 않게 가뭄이 기승을 부려 여러 달 동안 비가 내리지 않아 민생들이 부르짖으며 울고만 있으니, 어찌하여 인자한 하늘이 그토록 꾸중하는 위엄을 내보이는 것입니까?

이는 강과 바다에 버려진 요사한 역신들이 극성을 부리고 간사한 말과 포악한 행위가 위로는 전하를 속이고 아래로는 세인들을 현혹시킴으로써 그 방자한 기운이 하늘을 찌를 듯 활활 타오르니, 하늘은 반드시 진노하여 이렇게 허물을 징계하는 벌을 내리는 것입니다. 항간의 속담에 이르기를, "재앙을 그치게 하는 데는 간사함을 물리침만 같지 못하다." 하니,

---

1) 상소 : 1661년(현종 2) 6월에 올린 상소이다.

삼가 바라건대 전하께서는 시험 삼아 깊이 살펴주십시오.

유배된 윤선도는 '이종절통(貳宗絶統)'이라는 흉측한 이론으로 예법에 항거하고 모함을 꾸며댐이 극도에 이르러, 천지신명께 도저히 죄를 피하지 못할 것입니다. 그렇다면 마땅히 두려움을 느끼고 스스로 반성해야 함에도, 이번엔 또 윤휴(尹鑴)의 말만 믿고 답습하여 그의 당인(黨人)인 조경(趙絅)의 무리로 하여금 상소를 올리게 하여 잘못된 것을 구제받으려 하면서 송준길과 송시열을 공격하고 배척하니, 그 물여우 같은 독이 또 김수흥(金壽興)과 유계(兪棨) 그리고 신(臣) 음(崟)에게까지 미치고 있습니다.

그들의 말을 보면, "왕의 죽음은 붕, 세자의 죽음은 졸로 한다.[丁壬崩卒]"하고, 또 "예는 가벼운 것보다는 차라리 무거운 것을 쓴다."고 하니 아, 역시 참혹한 말입니다. 붕졸(崩卒) 두 글자를 쓰는 법은 마땅히 이와 같기 때문에 태자(太子)와 차자(次子)의 구별이 있고, 또 3년이라는 글이 있지 않습니까? 경중(輕重) 두 글자는 더욱 이치에 가깝지 않습니다. 선왕의 예제(禮制)의 한계는 도끼보다 엄정하고 태산보다 소중하였기에 한 치도 어기거나 넘을 수 없는데, 저쪽이나 이쪽에서는 서로 증거로 끌어댐이 분명하지 못하며 빠져 나가려고 꾸며대는 말이 궁색을 면하지 못하여 스스로 사문난적의 웅덩이로 빠져 들어간 줄도 모르고, 금년은 작년보다 더 심해지고 일층에서 십층으로 그 도를 더해가고 있습니다. 또

앞으로 다시 무슨 간사한 말을 만들어서 엄청난 홍수처럼 삼천리강토를 집어삼켜 강이나 바다 속에 빠뜨려 버릴지 모를 일입니다. 이 때문에 신은 걱정스럽고 아끼는 마음이 통탄스럽고 절박하여 죽음을 무릅쓰고 감히 상소를 올리는 것입니다. -원문 빠짐-

대체로 천지가 어두워지면 백 가지 괴물들이 앞 다투어 나타나고, 태양이 중천에 뜨면 만 가지 상서로움이 다 이른다고 하였습니다. 삼가 생각건대, 전하의 총명함으로 미처 깨닫지 못하고 역신에게 내리는 상벌이 적당치 못해서 이러한 일이 생겼는지도 모릅니다. 옛적에 주나라 성왕(成王)과 한나라 소제(昭帝)는 유충한 군주였지만, 관채(管蔡)[1]의 유언비어와 걸등(桀等)[2]의 거짓 글을 깊이 통찰하여 그들 모두를 목 베어 죽였습니다. 전하의 거룩한 지혜는 요순과 같은 밝은 식견을 갖추었음에도, 어찌 극찬방류(殛竄放流)[3]의 네 가지 죄목을 실행치 않으십니까. -원문 빠짐- 다만 하늘을 바라

---

1) 관채(管蔡) : 관숙(管叔)과 채숙(蔡叔). 모두 주공(周公) 단(旦)의 형제로서 난리를 일으켰다가 피살당하였다.

2) 걸등(桀等) : 소제(昭帝 한나라 무제의 아들)는 14세에 곽광(霍光)을 모함하던 걸등(桀等)에게 화를 내면서 말하기를, "대장군 곽광은 충신이다. 돌아가신 무제께서 그에게 나를 보필해줄 것을 부탁했으니 헐뜯는 자가 있으면 죄로 다스릴 것이다."하였다.

3) 극찬방류(殛竄放流) : ≪서경≫ 〈순전(舜典)〉에서, "공공(共工)을 유주(幽州)에 유배시키고, 환도(驩兜)를 숭산(崇山)에 방치하고, 삼묘(三苗)를 삼위(三危)에 금고(禁錮)하고, 곤(鯀)을 우산(羽山)에 가두어, 네 가지(유배 · 방치 · 금고 · 가둠)로 죄를 주니, 천하가 다 승복하였다." 하였다.

보며 비가 흠뻑 내리는 은택을 입게 되기를 바랍니다.

비답(批答)에서 이르기를, "상소를 자세히 살펴보았다. 예법을 참되게 하려고 힘쓰는 모습이 생각난다. 당초에 윤선도를 유배지로 보낼 때 그를 오히려 가볍게 처벌한 것으로 생각했는데, 이제 와서 또 사람들을 선동하니 법에 의해 형률을 더하기로 하고, 윤휴와 조경 등은 마땅히 엄중하게 국문하여 수감하도록 하겠노라." 하였다. 윤선도를 북청(北青)에 위리(圍籬)[1]하였다.

---

1) 위리(圍籬) : 죄인이 사는 유배지 둘레에 가시로 울타리를 치고 달아나지 못하도록 그 안에 가두어 둠.

우암과 동춘이 당한 모함을 변론한 상소[1] [陳辨疏]

삼가 생각건대, 유신(遺臣) 송준길(宋浚吉)과 송시열(宋時烈)은 영릉(寧陵 효종의 능호)으로부터 세상에 다시없는 예우를 받았습니다. 마치 주나라 문왕이 상보(尙父)[2]에게 했던 것처럼, 그리고 한나라 소열(昭烈 유비)이 공명(孔明 제갈량)에게 했던 것처럼 빈사(賓師)[3]로써 대우하여 의기가 잘 투합하고 밝게 융화되었습니다. 게다가 선대왕의 예우를 갖춘 은전과 두 신하의 국가에 보답하는 충성이 처음부터 끝까지 한결같았음은 신명에게 물어보아도 분명한 사실입니다. 전하께서 왕위를 이은 초기에 이르러 간신이 틈을 엿보아 헛된 사실을 날조하여 두 신하를 모함하기에 온힘을 다 쏟았습니다. 더구나 신의 스승 송준길은 이미 죽었는데도 말입니다.

신은 전하의 총명이 선대왕에 미치지 못하고 또 사특함과 옳음에 대한 분별이 흔들리고 있지 않나 조용히 걱정하고 있습니다. 기해년(1659, 현종 즉위) 복제(服制)는 고례(古禮)로는 증명할 수 없어 국제(國制)와 ≪대명률(大明律)≫을 인용하여 기년복(朞年服)으로 의정하였고, 영릉(寧陵)의 옛 봉분은 밖은 비록 틈이 있어 새기는 하나 안쪽은 안온하여 현궁(玄

1) 상소 : 1675년(숙종 1) 정월에 올린 상소문이다.
2) 상보(尙父) : 주나라의 어진 신하 태공망(太公望) 여상(呂尙)의 존호(尊號).
3) 빈사(賓師) : 왕에게 빈객으로 대우받는 학자.

宮)[1]의 만년(萬年)의 터로 정할 수 있건만 봉분을 옮기기에 이르니, 이는 조정이 개정하여 이미 시행한 일입니다. 저들이 이제 이를 트집 잡고 기필코 두 신하를 추죄하려 하니 난신들의 극언이 어쩌다 여기에 이르렀습니까.

공자는 "오늘날 주나라 예법을 사용하고 있으니 나는 주(周)나라를 따르겠노라." 하였고, 주자는 〈산릉을 의논하는 글[議山陵書]〉에서 "별도로 초택(草澤)을 구하여 새로운 궁을 경영함으로써 수황(壽皇 송나라 효종의 존호)의 유체(遺體)로 하여금 안에서 안온함을 얻게 하면 종사와 생령이 모두 밖에서 복을 얻을 것이다."고 말했습니다. 그렇다면 두 신하의 행위는 진실로 공자와 주자의 의리에 합당하니, 어찌 감히 조금이나마 사심을 품었겠습니까. 비록 옛적의 어린 군주도 그 선신(先臣)에게 죄를 주었다는 얘기를 듣지 못했는데, 하물며 전하의 거룩하고 명철하심으로 어찌 주공(周公)의 현명과 곽광(霍光)[2]의 충성을 알지 못하겠습니까. 속히 자애로운 교지를 내려 이미 죽거나 아직 죽지 않은 유신(遺臣)을 편안케 하십시오. -이하 원문 빠짐- ○ 주상께서 존경하면서도 꺼려하는 뜻으로 그의 상소를 급암(汲黯)[3]의 직언에 견주었으나 끝내 윤허하지는 않았다.

---

1) 현궁(玄宮) : 임금이나 왕후의 재궁을 묻는 광중(壙中)을 이름.
2) 곽광(霍光) : 한나라 무제(武帝)의 유조(遺詔)를 받들어 소제(昭帝)를 도운 충신. 무제로부터 대사마 대장군(大司馬大將軍)에 임명된 곽광은 20여년 궁궐에 출입하면서, 나가면 소제의 수레를 받들고 들어오면 소제를 좌우에서 모셨으며 조심하고 근신하여 조금도 법도에서 벗어나지 않았다. 기린각(麒麟閣) 공신의 으뜸으로 꼽힌다.
3) 급암(汲黯) : 한나라 무제(武帝) 때의 간신(諫臣). 자는 장유(長孺). 성

사직의 뜻을 아뢴 상소[1)]
[陳情疏] - 본문은 잃어버림 -

비지(批旨)에 이르기를, "혹여 회양(淮陽)을 박하다고 생각하는가. 우선 그대의 뜻을 따르겠지만 강호(江湖)에서도 나라를 걱정하는 마음을 잊지 말라."[2)] 하였다.

동춘 선생을 위해 변론한 상소
[陳辨同春先生疏]

-이상 원문 빠짐- 우리 숭릉(崇陵)[3)]에 한줌 흙이 마르기도 전에 갑자기 죽은 신하의 관직을 삭탈하셨습니다. 선대왕의 영혼이 하늘에서 굽어보시거늘, 이를 두고 어찌 전하께서 하늘을 본받는 효도를 다했다고 하겠습니까. -이하 원문 빠짐-

---

정이 매우 엄격하여 직간을 곧잘 하였으므로 무제로부터 옛날의 '사직(社稷)의 신하'에 가깝다는 평을 들었다.

1) 상소 : 1681년(숙종 7) 10월에 운봉현감(雲峰縣監)을 제수 받고 11월에 이 소(疏)를 올렸다.

2) 혹여……말라 : 현석(玄石) 박세채(朴世采)는 운봉현감을 사직한 안음의 절의에 대해 다음처럼 칭송했다. "퇴우(退憂 안음의 당호)의 올곧음은 급암(汲黯)에 비길 만하되 만절(晩節)은 같지 않다. 급암은 회양(淮陽)에 부임했고 퇴우는 운봉(雲峰)에 부임하지 않았으니 부임의 여부에 현부(賢否)가 들어있다."

3) 숭릉(崇陵) : 현종과 명성왕후를 모신 왕릉으로 경기도 구리시에 있다.

〈서(書)〉

할아버지께 올리다
[上王父] 신묘년(1651, 효종 2) 8월 7일

삼가 아룁니다. 지난 달 14일에 곧장 장단(長湍)[1]에 이르러 성묘하고, 16일에 다시 파주로 돌아와 큰외삼촌의 양례(襄禮)[2]에 곡하고 영결하였습니다. 그대로 이곳에 머물러 복을 벗고 이번 달 3일에 관학(館學)[3]으로 들어갔는데 마침 이 날이 공자께 제사 드리는 추향(秋享)의 입제(入齊) 날이었습니다. 전하께서 친히 임하니 예절과 위엄이 엄중하여 대제(大祭)가 잘 이루어졌습니다. 성균관 유생들이 서로 추천하여 반임(泮任)[4]에 서명하였는데 사양할 수 없어 곧장 떠나기가 어렵게 되었습니다. 귀향할 기일이 늦어질 것 같습니다. 이에 영리(寧吏)가 가는 편에 글월을 올려 삼가 아뢰는 것입니다. 보신 후에 가을 옷 한 벌을 영리가 돌아오는 편에 부쳐주시기를 간절히 바랍니다.

---

1) 장단(長湍) : 안음의 어머니 성씨(成氏) 부인의 묘소가 이곳에 있었다.
2) 큰외삼촌의 양례(襄禮) : 큰외삼촌은 성륵(成櫟)이고 양례는 장례(葬禮)를 높여 이르는 말. 양봉(襄奉)이나 양장(襄葬)과 같은 뜻.
3) 관학(館學) : 성균관(成均館)과 사학(四學)의 총칭.
4) 반임(泮任) : 반궁(泮宮)의 재임(齋任). 반궁은 성균관(成均館)의 별칭. 재임은 거재 유생(居齋儒生 재사에서 기숙하며 수업하는 유생) 중의 임원. 재임으로는 동재(東齋)·서재(西齋)에 각각 장의(掌議) 1인과 색장(色掌) 2인이 있음.

큰 형 소와공 전에게 올리다

[上伯氏邵窩公峑] 계축년(1673, 현종 14) 4월 8일 ○ 내용은 잃어버림.

종형 회정와 희에게 올리다

[上從兄晦靜窩書] 무술년(1658, 효종 9) 2월

요사이 부름을 듣고 달려가 뵙고자 했으나, 큰 비가 빌미가 되었을 뿐 아니라 세선(稅船)[1]이 곧 떠나려 하니 점검해서 실어주어야 할 일이 생겼습니다. 이로 인해 지연되었으니 죄송하기 그지없습니다. 이 늦봄에 부모님을 모시고 사는 즐거움이 어떠하신지요? 이곳은 전염병이 극성을 부려 태산(太山)과 타진(他眞)이라는 두 일꾼이 잇달아 죽어 나갔습니다. 이 때문에 가군(家君)[2]께서 출행하여 산방으로 피신하니, 저간의 걱정과 고민을 어떻게 이루 다 말할 수 있겠습니까.

할아버지의 〈행장〉 초본은 속히 수정하지 않을 수 없건만, 형님께서 찾아와 준다는 소식을 듣지 못해 가군께 말씀을 드렸더니 가지 말라는 하교만 받았습니다. 또 중부(仲父 안신지(安愼之))님과 정계윤(鄭季潤)[3]에게 서간을 보내라 하시기에 감히 명을 어기지 못하고 종을 보냈는데, 이 종이 매우

---

1) 세선(稅船) : 세곡(稅穀)을 실어 나르는 배.

2) 가군(家君) : 자기 아버지에 대한 존칭.

3) 정계윤(鄭季潤) : 원문은 계륜(季倫)으로 되어 있는데 이는 계윤(季潤)의 잘못이다. 계윤은 정염(鄭琰)의 자이고, 호는 청재(淸齋), 본관은 진주(晋州), 안방준의 문인. 진사(進士)이고 능주(綾州)에서 살았다.

우둔하여 그곳을 알지 못하고 쌍산(雙山 쌍봉리)으로 보냈으니, 받아보신 뒤 편지 한 통을 친구 정계윤에게 전해주심이 어떨는지요. 〈행장〉 초본은 반드시 진실하고 상세해야만 하는데 정계윤은 그렇게 지을 수 없을 듯합니다. 형님이 속히 왕림하여 가군에게 아뢰어 주시기를 간절히 바랍니다. 따로 좋은 논의의 실마리가 있으면 저는 자리를 미련해놓고 간절한 마음으로 기다릴 것입니다.

동춘 선생에게 올리다
[上同春先生] 무술년(1658, 효종 9) 2월

삼가 생각건대, 함장(函丈)[1]께서 대궐에 나아가 전하와 대화한 뒤에 내학(內學)[2]과 외학(外學)[3]이 크게 새로워져 문풍과 예속이 뚜렷하게 삼대(三代)의 정치로 접어드니, 함장의 몸짓 하나와 말 한마디가 크게 풍속과 교화에 도움이 되었습니다. 더구나 또 사계(沙溪) 김장생(金長生), 청음(淸陰) 김상헌(金尙憲) 두 선생을 치제(致祭)하자는 청원과 우리 할아버지에게 증작(贈爵)하자는 거론은 모두 현인을 존모하고 덕을 숭상하는 지극한 마음에서 나온 것이니, 공적으로나 사적으로 느끼는 다행스러움을 어떻게 표현해야 할는지요. 요사이 강론한 〈예의별록(禮疑別錄)〉을 보내드리니, 상세하게 하교해 주시기를 간절히 빕니다. 〈별록(別錄)〉은 잃어버렸다.

---

1) 함장(函丈) : 스승의 자리와 자기의 자리 사이에 한 길[一丈]의 여지를 둔다는 뜻. 곧 스승을 말함.

2) 내학(內學) : 고려시대의 국학(國學). 곧 국자감(國子監)을 이름. 여기서는 성균관을 말한 듯함.

3) 외학(外學) : 고려시대에 사학(私學)을 내학(內學)에 상대하여 이르던 말.

우암 선생에게 올리다

[上尤庵先生] 병진년(1676, 숙종 2) 9월 ○ 내용은 잃어버림.

우암 선생에게 올리다

[上尤庵先生] 임술년(1682, 숙종 8) 11월

소생이 문하에 나아가 인사드리지 못한 지 어언 몇 해가 되었습니다. 그간의 길흉과 우환을 낱낱이 위로드릴 수 없어 자책해 마지않습니다. 이번 가을에 장단(長湍)으로 떠났는데 천리 먼 길을 산 넘고 물 건너가느라 옛날 질병이 간간히 발작하여 또 찾아뵙지 못하고 서글픈 심정으로 돌아왔습니다. 요즘은 다행스럽게도 조금 진정되어 추위를 무릅쓰고 문하에 나아가 맑은 가르침을 흠뻑 받으려 계획했건만, 얼굴에 풍종(風瘇)이 갑자기 심각해져 몸을 움직일 수 없으니, 책임을 회피하기만 하는 이 게으른 마음이 언제나 멈출는지요.

조용히 생각건대 병자·정묘년 이후로 선비의 출사는 의리로 보아 욕을 먹겠지만, 사람마다 참으로 이와 같다면 누가 국가를 위하겠습니까. 그렇다면 벼슬을 하고 안하고는 행위가 같지 않지만 그 충의(忠義)를 세우는 명분은 일치하지 않음이 없습니다. 공자는 ≪춘추≫를 지으면서 존주(尊周)를 크게 여겼고, 맹자는 제(齊)나라와 양(梁)나라를 주유하면서 왕도(王道)를 급선무로 역설했으며, 주자는 효종(孝宗)에게 금

나라에 대한 복수를 앞세웠으니, 대개 하루라도 이 이치가 없으면 삼강(三綱)은 없어지고 구법(九法)[1]은 막히며 중화와 오랑캐가 서로 섞이고 사람과 짐승이 하나로 귀착될 것입니다. 이런 불길한 때를 만나 선비의 출처(出處)와 행의(行義)는 구차스럽게 이루어져서는 안 되니 더욱 삼가야만 합니다.

요즘 영호남 사람들에게 들은 것을 빌려 말하면, "고기(皐夔)·이부(伊傅)·주소(周召)는 대신이요, 영무자(甯武子)·제갈량(諸葛亮)·적인걸(狄仁傑)·사마광(司馬光)은 충신이요, 조과(趙過)·유안(劉安)·조충국(趙忠國)·유이(劉彝)는 간신(幹臣)[2]이라 하는데, 오늘날 집정자는 간신의 한 가지 능력도 갖추고 있지 못하면서 오래도록 대신의 명성과 지위를 꿰차고 앉아 헛되이 공론을 과장하고 한갓 당화(黨禍)만 일으키고 있다." 고 하니 아, 이 사람들의 이런 말은 또한 겨냥한 바 있어 퍼부은 것이겠지요. -원문 빠짐- 이는 촌저(寸楮)[3]로 아뢸 수 있는 것이 아니지만 이제 또 고질병이 도져 몸소 나아갈 수 없어 대신 편지로 속마음을 개진하니 통찰해 주시길 삼가 빕니다.

---

1) 구법(九法) : 홍범구주(洪範九疇)를 말함. 천하를 다스리는 아홉 가지 대법(大法). 본시 우왕(禹王)이 천계(天啓)에 의하여 얻은 것으로서, 대대로 전하여 기자(箕子)에 이르러 기자가 무왕(武王)의 물음에 대답한 후 비로소 세상에 알려졌다고 함. 오행(五行)·오사(五事)·팔정(八政)·오기(五紀)·황극(皇極)·삼덕(三德)·계의(稽疑)·서징(庶徵)·오복(五福).

2) 간신(幹臣) : 국가를 경영하는 재능 있는 신하.

3) 촌저(寸楮) : 매우 짧은 편지. 지척지서(咫尺之書)와 같은 말.

우암 선생에게 올리다
[上尤庵先生] 계해년(1683, 숙종 9) 정월

공자가 선왕(先王)의 도(道)를 천하에 행하려고 주유하다가 노(魯)나라에 돌아와 도를 행할 수 없음을 알고, 한갓 선왕의 법을 취하여 서책에 덧붙여 만세에 전수하였으니, 이것이 요순보다 현명한 이유이겠지요. 이때를 당하여 안자(顔子) 같은 분은 민·염(閔冉)[1] 이상의 현인이었으니, 만약 공자의 도가 세상에 행해졌으면 어찌 스스로 단표누항(簞瓢陋巷)[2]의 즐거움을 누렸겠습니까. 우리 사계(沙溪)·청음(淸陰) 두 선생은 정암·퇴계·우계·율곡의 뒤를 이어 태어나 요순의 도를 임금에게 아뢰고 공자·주자의 학으로 세상을 일깨웠으나, 오히려 삼천리강토에서 대의(大義)를 펼쳐 회복할 수가 없게 되자 결국 물러나 은둔하면서 세상을 멀리 했습니다. 그렇다면 사계·청음의 뒤에 태어나 사계·청음을 배우는 사람은 마땅히 안자에게 법을 취해야 할 것입니다. 그러나 이 또한 저의 망령된 뜻일까요?

문장(文丈)[3]께서 전후에 걸쳐 출사하여 국가에 보답함에

---

1) 민·염(閔冉) : 공자의 제자인 민자건(閔子騫)과 염백우(冉伯牛). 안자와 더불어 덕행(德行)이 뛰어난 사람으로 알려짐.
2) 단표누항(簞瓢陋巷) : 대그릇에 담은 밥과 표주박에 담은 음료. 보잘것 없는 음식을 먹으며 누추한 거리에 사는 가난한 선비.
3) 문장(文丈) : 학덕이 높은 상대방에 대한 존칭. 직접적인 사제관계는 없지만 '선생(先生)'처럼 존경할 때 부르는 말.

진퇴(進退)를 정하기가 매우 어려웠지만, 전하의 융숭한 예우는 헛되이 받은 것이 아닙니다. -원문 빠짐- 생각건대 청나라에 대한 복수의 의리는 본래 천리(天理)와 인정(人情)으로 보아 그만둘 수 없는 일인데, 오랫동안 원통한 심정을 참고 통곡하다가 수염과 눈썹이 온통 하얗게 변하여 결국 천고의 한이 되었으니, 천하 후세에 뭐라 하겠습니까. 신옹(愼翁 스승 신독재)이 말하기를, "성인의 가르침은 ≪대학≫ 만한 글이 없는데, ≪대학≫의 가르침은 명덕(明德)과 신민(新民)에 지나지 않으니, 격물 · 치지 · 성의 · 정심과 수신 · 제가 · 치국 · 평천하는 모두 다음의 일이다. 반드시 자신을 닦아 새로워진 뒤에 치국과 평천하를 기약할 수 있다."고 했습니다.

아, 공자와 주자의 도가 세상에 밝혀지지 않아 군자와 소인이 서로 모순을 일으키지만, 다행히 ≪춘추≫와 ≪강목(綱目)≫ 같은 글이 없어지지 않은 때문에 소인이 두려워하여 자복(自伏)하고 우연히 천주(天誅)[1]를 받은 자가 또한 많이 있었습니다. 소인들의 됨됨이는 모두 당족(黨族)으로 권간(權奸)에게 아부하고 명리(名利)를 탐하고 상하가 서로 공격하고 내외가 서로 맺고 논의가 경쟁하고 화기(禍機)를 선동하여 장차 큰 변란을 부를 것이니, 이때를 당해 선비가 동서남북의 당(黨)에 결코 속함이 없다면, 홀로 ≪중용≫을 품에 안고 은밀한 곳에 물러나 은둔하는 것이 옳을 것입니다.

1) 천주(天誅) : 천의(天意)에 의하여 행하는 주벌(誅伐).

항상 문장(文丈)의 정신과 풍모를 생각해 보면, 나이와 덕이 함께 높아지고 지식이 용기와 더불어 단호해지니, 속히 벼슬에서 물러나는 일이 다른 사람의 뒤에 있어서는 안 되는데, 아직 물러났다는 소식을 듣지 못했으니, 혹여 노숙한 분의 견식을 보통 사람의 마음으로는 헤아리지 못하기 때문입니까. 대저 농춘(同春) 선생은 범출 곳을 일아 좋게 삶을 미쳤음에도 을묘년(1675)의 재앙을 면하지 못했거늘, 하물며 오늘날 세상의 윤리가 날로 급박해지는데 오래도록 높은 명성과 지위에 거하는 것은 덕을 편안히 하는 바탕이 아닌 듯합니다. 만약 한 번 상소하여 풀어주지 않으면 재삼 간곡하게 아뢰어 임하(林下)로 물러나 때때로 존양(存養)하여 위무(衛武)[1]와 거옥(蘧玉)[2]처럼 70, 90살에도 덕을 닦는 공부를 더하심이 어떠할는지요. 정은 넘치는데 말이 줄어드니 황공하기 그지없습니다. 삼가 상세하게 가르쳐 주시기를 빕니다.

---

1) 위무(衛武) : 춘추시대 위나라의 군주. 이름은 화(和), 시호는 무(武). 항상 ≪시경(詩經)≫의 〈억(抑)〉 편으로 자신을 경계했다.

2) 거옥(蘧玉) : 이름은 원(瑗), 자는 백옥(伯玉). 위(衛)나라 영공(靈公) 때의 어진 대부. 공자가 위나라에 갔을 때 그의 집에 머물렀음.

민대수 정중에게 주다
[與閔大受鼎重] 무신년(1668, 현종 9)

산계(山鷄)[1] 한 마리를 타일러서 학(鶴)으로 길러내는 문정(門庭 민정중의 서당)으로 보내니, 그로 하여금 때때로 학습하게 하여 쑥대 같은 하찮은 것으로 만들지 마십시오. 어떻게 생각하는지요. 저의 커다란 소망입니다.

1) 산계(山鷄) : 산 닭 곧 꿩을 말함. 여기서는 아직 학문이 미숙한 아들 민상(敏相)을 가리킴.

홍자회 처량[1]에게 답하다
[答洪子晦處亮] 신해년(1671, 현종 12)

당신의 추천으로 외람되이 사옹원(司饔院)에 제수한다는 명을 받고 한없이 감동했습니다. 그러나 조석으로 요리를 올리는 절치와 종묘(宗廟)의 제수를 마련하는 예절은 저처럼 어리석은 사람이 감당할 수 있는 일이 아니기에 사직하는 글을 올리니 아름답게 받아주시기 바랍니다.

---

1) 홍처량(洪處亮) : 1607-1683. 본관은 남양(南陽). 자는 자회(子晦), 호는 북정(北汀). 1654년부터 보덕·사간·동부승지·광주목사(光州牧使) 등을 거쳐, 그 뒤 승지·대사성·대사간을 역임하였다. 1668년 예조참판·개성유수, 1670년에 대사헌이 되었다. 저서로는 ≪북정집≫이 있고, 시호는 정정(貞靖)이다.

김구지 수항에게 주다

[與金久之壽恒] 정사년(1677, 숙종 3)

남쪽 유배지는 물이나 땅이 좋지 못한데 용창(榕窓)[1]에서 자고 먹어야 하니, 이 때문에 몸을 조섭하는데 손상이 되지나 않았는지요? 군자가 비록 오랑캐 땅에 처하여 날개를 접고 있을지라도 그 밝은 덕을 쉬지 않고 닦으면 반드시 용이 밭에 나타나는 문명(文明)한 상(象)이 있을 것입니다. 요사이 듣건대 서석(瑞石 김만기)이 또 진달하여 변론했다 하니, 자애로운 하늘도 아마 감응하시겠지요? 조정의 일은 식암(息菴 김석주)과 서석(瑞石)에게 달렸으니, 두 사람이 협조하여 일을 도모하면 밝은 세상이 돌아오리라 기약할 수 있습니다. 이로써 마음을 너그럽게 억누름이 어떨는지요. 저는 물러나 고향에 칩거하면서 일없이 병만 더해 달려가 위로할 수 없으니, 대신 아우 영(岺)을 보내 한 해를 잘 지냈는지 안부를 살피게 합니다. 백삼(白蔘) 한 봉을 함께 보내 드립니다.

---

1) 용창(榕窓) : 용(榕)은 벵골보리수나무. 뽕나무과에 속하는데 주로 남방에서 자람. 용창은 남쪽에 있는 유배 거소(居所)를 지칭한 듯함. 김수항은 1675년(숙종 1) 남인인 윤휴(尹鑴)·허적(許積)·허목(許穆) 등의 공격으로 관직을 빼앗기고 전라도 영암 땅으로 유배되었다.

김영숙 만기에게 답하다

[答金永叔萬基] 기미년(1679, 숙종 5)

천리 먼 곳에서 보내준 한 폭의 좋은 소식은 3년 동안 목말라했던 회포를 충분히 위로해 주었습니다. 생각건대 하늘에는 음과 양이 있어 때때로 어두워지기도 하고, 사람에게는 군자와 소인이 있어 선악이 스스로 구분됩니다. 혼란이 극에 달하면 다스려짐을 생각하는 것은 하늘과 인간의 정한 이치이지만, 때가 왔어도 그럴만한 사람이 없으면 또한 끝을 맺을 수 없습니다. 오늘날 주석(柱石) 같은 신하로 조정에 있는 사람은 오직 공과 식암(息菴 김석주) 등 두세 명에 불과합니다. 바라건대 반드시 충의로 떨쳐 일어나 협조하고 공모하여 종사(宗社)를 안정시키고 조정을 바로잡는 것이 어떨는지요. 돌아보면 나처럼 용렬한 사람은 이미 벼슬에 나아갈 생각을 할 수 없건만 초택(草澤)으로 소명을 보내니 이 무슨 전도된 일입니까. 잘 헤아려 주시기 바랍니다.

오관지 도일에게 답하다

[答吳貫之道一] 무오년(1678, 숙종 4)

용구(龍邱) 서형(徐兄)[1]이 와서 먼저 구보(口報)를 들려주었는데, 또 편지로 물어주시니 구서(口書)가 모두 자상하여 세의(世誼)를 많이 느끼겠습니다. 지어주신 상소문[2]은 뜻이 곡진하여 천지신명을 감격케 함이 있습니다. 귀역(鬼蜮)[3] 같은 무리로 하여금 두려워함을 알게 하여 자복(自伏)케 한다면, 어찌 세도(世道)에 행운이 되지 않겠습니까.

---

1) 서형(徐兄) : 안방준의 제자인 참봉 서봉령(徐鳳翎). 호를 용구(龍邱) 또는 매학(梅壑)이라 함.

2) 상소문 : 〈무오신구소(戊午伸救疏)〉를 말함. 안방준을 모신 대계서원(大溪書院)의 훼철을 구하기 위한 글이다.

3) 귀역(鬼蜮) : 역(蜮)은 날도래의 유충. 물속에 살며 주둥이에 한 개의 긴 뿔이 앞으로 뻗치었는데, 독기(毒氣)로써 사람의 그림자를 쏘면 종기가 생긴다는 옛 말이 있음. 단호(短弧), 사공(射工), 사영(射影)과 같다. 전하여 "사람을 헤치는 것". ≪시경≫에 "위귀위역(爲鬼爲蜮)"이라 했다.

이양숙 이명에게 주다

[與李養叔頤命**]** 경신년(1680, 숙종 6) 11월

고명(高明 상대방에 대한 칭호) 형제가 홀로 달로 걸어가 붉은 계수나무를 첫 번째로 꺾으니,[1] 사람들이 모두 '천상랑(天上郎)'이라 하였답니다. 나 같은 늙은이의 백열(栢悅)[2]은 보통 사람과 많이 다르지요. 항상 선대인(先大人)이 옥당(玉堂 홍문관의 별칭)에서 그대 형제를 가르치던 일을 생각해 봅니다. "밥은 다 내려갔느냐?"라고 묻고 글 읽기를 힘써 권했으며, "닭이 울었느냐?"라고 묻고 쉼 없이 암송케 하였지요. 촌음을 아껴 과학(課學)에 몰두한 지 여러 해 만에 공부를 이루었으니, 오늘의 큰 경사는 마땅히 믿을 만합니다. 그대 사촌인 자빈(子賓)[3]과 중강(仲剛)[4]이 용문(龍門)에서 점액(點額)[5]하던

---

1) 달로……꺾으니 : 섬궁은 달의 이명(異名)인데 여기서는 과거시험에 합격하기 위한 동경(憧憬)의 세계. 계수나무를 꺾는다는 '절계(折桂)'는 과거에 합격했음을 의미한다. 이를 줄여서 '섬궁절계(蟾宮折桂)'라고 한다. 이이명은 1680년에 열린 별시(別試)에서 을과(乙科) 1위로 합격했고, 그의 형 이사명(李師命)은 1680년에 열린 춘당대시(春塘臺試)에서 갑과(甲科) 1위로 합격했다.

2) 백열(栢悅) : 송무백열(松茂栢悅)의 준말. 곧 소나무 무성하면 잣나무가 좋아한다는 뜻이니, 벗이 잘된 것을 기뻐함을 말한다.

3) 자빈(子賓) : 이관명(李觀命)의 자. 이조판서 민서(敏敍)의 아들. 영의정 경여(敬輿)의 손자.

4) 중강(仲剛) : 이건명(李健命)의 자. 민서(敏敍)의 아들.

5) 점액(點額) : 잉어가 용문(龍門)을 거슬러 올라가면 용이 되고 올라가지 못한 것은 이마를 상하여 돌아온다는 뜻으로 고시(考試)에 낙방함을 이름.

날 또 연달아 찾아왔지요. 고명이 자질(子姪)을 가르치되 반드시 선대인의 교술(敎術)을 따르니, 앞날의 광영을 어찌 헤아릴 수 있겠습니까. 축하하고 또 기원합니다.

〈기(記)〉

우계기(遇溪記)[1)]

-원문 빠짐- 무이산(武夷山)[2)]의 아홉 구비 시내는 자양부자(紫陽夫子)[3)]를 힘입어 그 같은 이름이 붙었고, 천봉산(天鳳山)의 한 갈래 시내는 죽천(竹川) 박(朴 광전(光前)) 선생을 만나 그처럼 일컬어졌다. 이 시내에 오른 사람은 천년의 참된 근원을 거슬러 올라갈 수 있으니, 나는 참된 근원은 천상에 있는 것이 아니라 다만 조그만 연못과 논두렁 사이에 있음을 알았다. 이 시내를 어찌 뛰어난 경치로만 아름답다고 이르겠는가. 시내는 사람을 만났고 사람은 시내를 만났으니 땅과 사람이 서로 얻었다 하리라. -원문 빠짐-

---

1) 우계기(遇溪記) : 우계(遇溪)는 보성군 문덕면 죽산리에 있는 천봉산(天鳳山) 아래의 계곡 이름이다. 죽천(竹川) 박광전(朴光前, 1526-1597)이 지은 우계기(遇溪記)와 산앙정(山仰亭)이 남아 있다.

2) 무이산(武夷山) : 중국 복건성(福建省)에 있는 산 이름. 산중에 구곡(九曲) 시내가 있고 풍경이 매우 좋아 송나라의 주희(朱熹)가 일찍이 '구곡가(九曲歌)'를 지었다.

3) 자양부자(紫陽夫子) : 자양(紫陽)은 남송의 대유학자 주희(朱熹)의 호. 부자(夫子)는 존칭. 또 다른 호는 회암(晦庵)·회옹(晦翁)·고정(考亭)·운대진일(雲臺眞逸) 등이 있다.

〈제문(祭文)〉

신독재 선생에게 올린 제문
[祭愼齋先生文] 을미년(1655, 효종 6) 윤 5월

애통합니다. 온 천지에 만세토록 삼세일통(三世一統)하여 성현이 배출되었지만, 아직까지 공자와 같은 분은 없었습니다. 또 증씨(曾氏) 부자[1]와 정씨(程氏) 형제[2] 같은 분도 세상에는 몇 사람 되지 않습니다. 하늘이 우리 해동을 도와 선생의 부자[3]를 모아 배출하니, 태산이 중첩해 선 듯하고 봉황이 다시 우는 듯합니다. 석담(石潭 율곡 이이(李珥))의 도를 전해 받고 가정의 학문을 계승했으니, 아버지도 어질고 아들도 어질며 아버지도 스승이요 아들도 스승이었습니다. 아, 단군과 기자(箕子)께서 남기신 우리나라 수천 년 사이에 대대로 도통을 이어 전수한 분이 어찌 선생보다 뛰어난 사람이 있었겠습니까. 아, 애통합니다. -원문 빠짐-

---

1) 증씨(曾氏) 부자 : 공자의 제자 증삼(曾參)과 그의 아버지 증석(曾晳)을 말함.
2) 정씨(程氏) 형제 : 북송시대의 대유학자 정호(程顥)와 정이(程頤)를 말함.
3) 선생의 부자 : 신독재와 그의 아버지 사계(沙溪) 김장생(金長生).

동춘 선생에게 올린 제문

[祭同春先生文] 임자년(1672, 현종 13) 11월 24일 ○ 내용은 잃어버림

동춘 선생의 묘소에 고유한 글

[同春先生墓告由文] 병진년(1676, 숙종 2) 정월

아, 선생께서 세상을 뜨신 지 어언 5년이 흘렀습니다. 태산이 한 번 무너지니 언덕이 대항하여 높아지고, 강해(江海)가 하늘까지 넘쳐흘러 홍수보다 더 심합니다. 음험한 무리들이 막고 가리니 태양이 빛을 잃었고, 우레와 번개가 진동하니 은택의 물결이 달립니다. 하늘과 땅이 이를 유감으로 여기니 시구(蓍龜)[1]가 영험이 없습니다. 모든 부인들과 어린애도 눈을 훔치며 울고 있는데, 하물며 저의 통분은 어찌 다함이 있겠습니까. 깊숙한 연못[九皐]에서 소리 내어 울어도 하늘(임금)에까지 들리지 않습니다. 소인배와 다투고 모든 것을 놓아둔 채 전원으로 돌아갑니다. 문득 이런 생각이 듭니다. 이미 요순의 도로 개진하여 바로잡아 구하지 못했고, 또 ≪춘추≫의 의리로 죄를 성토하여 다스리지 못해, 이 같은 세상에 다시없는 큰 변란을 맞이한 것입니까? 이는 진실로 스스로 만든 재앙입니다. 피차 간에 누구를 원망하며 누구를 허물하겠습니까. 양(陽)은 다할 때가 없습니다. -원문 빠짐-

1) 시구(蓍龜) : 점칠 때 쓰는 시초(蓍草)와 거북.

사람들이 모두 울분에 쌓여 있습니다. 울음을 머금고 묘소를 찾으니 엄연히 살아 계신 듯합니다. 보잘 것 없는 속마음을 감히 고하자니 두 눈에서 눈물이 먼저 흐릅니다. 정령(精靈)께서는 밝으시니 아마도 이를 굽어 살피시겠지요.

시남 유계 선생에게 올린 제문
[祭市南俞先生棨文] 갑진년(1664, 현종 5) 3월 ○ 내용은 잃어버림

큰 외숙 첨정 성공 륵에게 올린 제문
[祭元舅僉正成公櫟文] 신묘년(1651, 효종 2) 5월 5일 ○ 내용은 잃어버림

미촌 윤공 선거에게 올린 제문
[祭美村尹公宣擧文] 경술년(1670, 현종 11) 정월 ○ 내용은 잃어버림

석호 윤공 문거에게 올린 제문
[祭石湖尹公文擧文] 임자년(1672, 현종 13) 10월 ○ 내용은 잃어버림

정랑 송광식[1]에게 바친 제문
[祭宋正郎光栻文] 갑진년(1664, 현종 5) 7월

공이 죽었다는 소식을 듣고 영연(靈筵)으로 달려가 곡하자

---

1) 송광식(宋光栻) : 1625-1664. 본관은 은진(恩津). 자는 희장(希張). 부친 동춘당(同春堂) 송준길(宋浚吉)과 모친 우복(愚伏) 정경세(鄭經世)의 딸 진주정씨(晋州鄭氏) 사이에 2남 3녀 중 장남으로 태어났다. 14세에 신독재(愼獨齋) 김집(金集) 문하에 들어가 수업하였다. 30세 때 진사에 합격한 후, 공조정랑(工曹正郎)을 역임하였다. 회덕(懷德)에 거주하였고, 이조참판(吏曹參判)을 증직(贈職)받았다.

니 말할 수가 없습니다. 공의 이번 발걸음은 안백(顔伯)[1]의 뒤에 나온 것이니, 가정의 모든 시름은 툭 털어버리고 저승에서 두 아들을 거느린 채, 시를 배우고 예를 복습하여 부사(父師)의 가르침을 잊지 않는 것이 어떨는지요. 아, 애통합니다.

---

1) 안백(顔伯) : 공자의 제자 안회(顔回)와 공자의 아들 백어(伯魚)를 말함. 둘 다 공자보다 앞서 세상을 떠났는데, 송광식도 동춘의 아들이자 제자로 먼저 죽었다는 뜻이다.

《송촌집》 제2권

《송촌집》 제 2 권

〈부록(附錄)〉

연보(年譜)

■ 임술(壬戌) 명(明)나라 희종(熹宗)황제 천계(天啓) 2년(1622)

본조(本朝) 광해주(光海主) 14년.

○ 6월 29일(계사) 미시(未時 오후 1-3시)에 공(公)이 파주군 파산(坡山) 아래 눌노리(訥老里) 외가 집에서 태어났다. 지나간 신해년(1611, 광해군 3)에 문강공(文康公 조부 안방준)이 서울 낙산(駱山) 매계동(梅溪洞)으로 이사했다가 갑인년(1614)에 다시 보성으로 돌아온 뒤 승지공(承旨公 아버지 안후지)에게 파주로 가서 살도록 명했다. 해산하던 날 밤, 외조부 창랑공(滄浪公)[1]의 꿈에 북악산의 신선이 금동(金童)을 안고 와 주면서 말하기를, "이 아이

1) 창랑공(滄浪公) : 성문준(成文濬, 1559-1626). 자는 중심(仲深), 본관은 창녕(昌寧), 우계(牛溪) 성혼(成渾) 선생의 아들.

는 장경성(長庚星)[1]의 정기를 받았으니 안씨 집으로 보내서 기르도록 하라." 하였다. 당시 할아버지 문강공은 송산(松山 전라도 보성읍)에서 살았는데 해산하기 하루 전날 밤, 태산이 집 뜰을 누르고 금빛이 방을 두르더니 청포(靑袍)[2]를 입은 한 선비가 경전을 품에 안고 마루에 올라 향불을 사른 뒤 꿇고 앉아 글을 읽는 꿈을 꾸었다. 이윽고 기쁜 마음으로 잠에서 깨어보니 파주로부터 해산했다는 소식이 도착했다. 특이한 조짐이 서로 감응했다고 여겨 이름을 '음(崟)'이라 불렀다.

■ 계해(癸亥) 3년(1623) 인조(仁祖)대왕 원년 ○ 공의 나이 2세

생일을 맞아 창랑공이 또 꿈을 꾸었는데 북악산의 신선이 찾아와 말하기를, "안씨의 아들은 아무 탈 없이 크는가? 이 아이는 편안히 생을 마칠 운명을 타고났으니 아마도 시름이 없으리라." 하였다. 창랑공이 잠에서 깨어 이를 기이하게 여겨 두 차례 꿈꾼 사실을 적어두었다.

■ 갑자(甲子) 4년(1624) 공 3세

봄에 문강공이 파주에 이르러 살펴보고 애틋하게 여겨 창

---

1) 장경성(長庚星) : 저녁에 서쪽 하늘에 보이는 큰 별. 태백성(太白星)이라고도 한다.
2) 청포(靑袍) : 푸른 빛깔의 도포(道袍). 종3품에서 6품까지의 품관의 공복(公服). 정3품 이상은 홍포(紅袍)임.

랑공에게 말하기를, "이 아이는 곧 장덕(長德)의 문하에 넘치는 경사가 아닙니까? 뜻밖에 슬하에 이 어린 손자를 두게 되었습니다." 하였다.

■ 을축(乙丑) 5년(1625) 공 4세
어머니 성씨가 항상 허약하여 편안한 날이 적었으므로 아버지 승지공을 따라 외당(外堂)에서 자고 먹었다.

■ 병인(丙寅) 6년(1626) 공 5세
○ 정월 26일에 외조부 창랑공의 상을 당했다.
○ 아이들과 떼 지어 다니며 놀지 않았으며, 항상 내종(內從)들이 과학(課學)[1]하는 것을 따라 곁에서 들으면서 능히 숫자, 방위명칭, 사물의 부류, 문자를 해득했다.

■ 정묘(丁卯) 7년(1627) 공 6세
○ 10월 26일에 성부인의 상을 당했다. 부인은 만력(萬曆) 임진년(1592, 선조 25) 10월 25일 축시에 태어났으니 향년 36세에 세상을 뜬 것이다. 동기간의 형제와 자매가 모두 여섯 명이었는데, 형 전(埢)의 나이가 겨우 열네 살이었고 아우 회(㩓)는 태어난 지 겨우 1년이 되었다. 서로 끌어안고 울부짖고 곡하니 차마 볼 수 없었다.

1) 과학(課學) : 과정이나 과목을 정해 놓고 하는 학문.

○ 11월에 장단군(長湍郡) 망해산(望海山) 아래 수박동(水泊洞) 뒤쪽 간좌원(艮坐原)에다 성부인을 장사지냈다.

■ 무진(戊辰) 의종(毅宗)황제 숭정(崇禎)[1] 원년(1628) 공 7세

○ 8월에 소상(小祥)을 지내고, 10월 26일에 대상(大祥)을 지냈으며, 12월에 담제(禫祭)[2]를 거행했다.

■ 기사(己巳) 2년(1629) 공 8세

○ 정월에 승지공을 따라 보성군 송산리 옛집으로 돌아왔다.

○ 할아버지에게 수학했다. 먼저 ≪소학≫을 읽었다. 무릇 독서할 때면 반드시 익숙하게 읽어 이해한 뒤에 다른 글을 읽었다.

■ 경오(庚午) 3년(1630) 공 9세

○ 가을에 빙호정(氷壺亭)에서 독서했다. 할아버지가 '빙호추월(氷壺秋月)'을 읊어주며 시를 지어보도록 명하자, 공은 곧 소리를 내어 시를 지었다.

■ 신미(辛未) 4년(1631) 공 10세

○ 우산정사(牛山精舍)에서 '고송팔매(孤松八梅)'를 보고 시를

---

1) 숭정(崇禎) : 청나라의 침략에 항거하다 순절(殉節)한 명나라 의종(毅宗) 장렬제(莊烈帝)의 연호(年號).

2) 담제(禫祭) : 대상(大祥)을 지낸 그 다음 달에 지내는 제사.

읊었다.

■ 임신(壬申) 5년(1632) 공 11세

○ ≪위학지방(爲學之方)≫을 받아 읽었다. 이 책은 우계(牛溪 성혼) 선생이 편찬한 것으로 문강공이 가숙(家塾)에서 출판한 것이다. 지금의 ≪주문지결(朱門旨訣)≫임.

■ 계유(癸酉) 6년(1633) 공 12세

○ 11월 20일 할아버지의 회갑 생신에 장수를 기원했다.

■ 갑술(甲戌) 7년(1634) 공 13세

○ 가을에 북쪽 파산(坡山 경기도 파주)으로 가서 배웠다. 계구(季舅) 정혜공(靖惠公)[이름은 직(稷), 호는 매변(梅邊)]이 말하기를, "우산의 아래에서 예천(醴泉)이 근원에 달하니, 장래에 하해(河海)처럼 넓은 공부를 어찌 헤아릴 수 있겠는가."라고 하였다.

○ 섣달그믐 밤에 내종형 대사헌 성희주(成熙冑), 그리고 여러 내종과 회포를 푸는 시를 지었다.

■ 을해(乙亥) 8년(1635) 공 14세

○ 석호(石湖) 문거(文擧)와 미촌(美村) 선거(宣擧) 등 윤공(尹公) 형제를 파산원(坡山院)[1]에서 배알했다. 두 분이 찬탄

1) 파산원(坡山院) : 우계(牛溪) 성혼(成渾) 선생을 모신 파산서원(坡山書院).

하기를, "기린의 뿔이요 봉황의 부리처럼 타고난 자품이 출중하다."고 했고, 또 "높은 산악과 같고 두 배의 가치가 있는 금[雙南金]과 같다."고 했다.

○ 가을에 송음당(松陰堂)으로 돌아와 문안을 여쭈었다. 송음당은 승지공의 당호(堂號)이다.

■ 병자(丙子) 9년(1636) 공 15세

○ 12월에 책상을 밀쳐두고 독서를 폐했다. 이 때 북쪽 오랑캐가 갑자기 쳐들어와 대가(大駕 임금의 수레)는 남한산성으로 피난하고 중전은 세자와 빈궁을 이끌고 강화도로 들어가는 등 위급한 정세가 코앞에 닥쳤다. 할아버지가 의병을 모집하여 근왕(勤王) 길에 오르자 승지공과 중부(仲父) 신지(愼之), 계부(季父) 일지(逸之)가 배종하였다. 공은 통곡하여 말하기를, "노(魯)나라의 왕기(汪踦)[1]는 참으로 의로운 사나이로다. 우리 군부(君父)가 욕을 당하고 있는데, 비록 나이가 어려서 무기를 잡는 일을 감당할 수는 없을지라도, 어찌 편안히 문자나 읽고 있겠는가."라고 했다.

---

1) 왕기(汪踦) : 노나라 애공(哀公)의 폐동(嬖僮 사랑하던 아이 종). 제(齊)나라와 전쟁할 때 애공의 수레를 타고 배종하다가 전사(戰死)하였다. 노나라 사람이 성인(成人)의 예로 장사지내 주려할 때 공자도 찬성하였다. ≪좌씨춘추(左氏春秋)≫ 〈애공〉 11년.

■ 정축(丁丑) 10년(1637) 공 16세

○ 남한산성의 포위가 풀렸다는 소식을 듣고 통곡한 뒤 시를 지었다. 이 때 조정이 오랑캐와 강화조약을 맺어 세자와 대군이 북쪽으로 떠나자, 할아버지는 곧 의병을 해산하고 돌아왔다. 공은 하늘을 우러러 통곡하고 시를 지었다.

■ 무인(戊寅) 11년(1638) 공 17세

○ 2월에 해남윤씨(海南尹氏)를 맞아들였다. 부인은 천계(天啓) 신유년(1621, 광해군 13) 8월 20일에 태어나니, 통정(通政) 유방(惟方)의 딸이요 관찰사 복(復)의 증손이다. 부모에게 효도하고 형제 간에 우애하며 근검절약하여 살림을 꾸렸다. 일찍이 예법을 알아 관혼상제를 한결같이 준수하여 거스른 바 없었다.

○ 공이 동상(東床)[1]에 있을 때, 윤씨 성을 가진 사람이 교만심으로 가득차고 희학질이 도를 넘어, '얼굴은 예쁘나 마음이 비뚤어진 아이[童狡]'라는 어그러진 말을 하자, 공은

---

1) 동상(東床) : ≪진서(晋書)≫ 〈왕희지전(王羲之傳)〉을 보면, 진나라 극감(郄鑒)이 왕도(王導)의 자제 중에서 사위를 고르려고 자기의 문생(門生)을 왕도의 집으로 보냈는데, 그 문생이 보고 돌아와서 극감에게 말하기를, "왕씨 집안의 자제들이 모두 준수합니다만 … 오직 한 사람이 '동상에 삼가 누워 음식을 먹으면서[在東床坦腹食]' 홀로 들은 채도 하지 않았습니다." 하니, 극감이 왕씨 집을 방문하여 그 사람이 왕희지(王羲之)인 것을 알고 사위로 삼았다. 여기에서 동상(東床)에 있다는 것은 사위로서 처가 집에 있을 때를 말함.

동고(童觚)[1]로 그를 꾸짖었다.

○ 3월에 장단으로 가 성부인의 묘에 전(奠)을 드리고 가마(加麻)[2]한 뒤 통곡했다. 공은 어려서 집상(執喪)하지 못한 것을 종천(終天)[3]의 아픔으로 생각하였는데, 관례를 치룬 뒤 묘정(墓庭)에서 가마하고 늦게나마 상복을 입는 뜻을 간략히 폈다.

■ 기묘(己卯) 12년(1639) 공 18세

■ 경진(庚辰) 13년(1640) 공 19세

○ 송음당(松陰堂)에서 과거공부를 익혔다. 승지공은 일찍이 과거공부가 이학(理學)보다 병폐가 심하다 하여 가르쳐 도와주지 않았다. 공은 문호를 유지할 계책을 생각하지 않을 수 없다 하고, 비로소 분판을 가지고 과정을 정해 학습하면서 거리낌 없이 붓을 놀려 글 제목에 따라 응수하였으나, 스스로 시문을 짓거나 서화를 그리는 일을 절제했다.

■ 신사(辛巳) 14년(1641) 공 20세

○ 복천(茖川) 용안연(龍岸淵)[4]의 촌사(村舍)에서 강학했다.

---

1) 동고(童觚) : 아이들의 노리개로 보이는데 정확히 알 수 없다.
2) 가마(加麻) : 소렴(小斂) 때에 상인이 수질(首絰)을 머리에 씀.
3) 종천(終天) : 비통함이 무한히 오래 간다는 말로 어버이 상(喪)을 이름.
4) 용안연(龍岸淵) : 안방준은 69세 되던 해에 화순 동복의 용안연에서 살

추보(推步)[1]에 뛰어난 금강산인(金剛山人)이 찾아와 공의 관상을 보고 말하기를, "관직에 나아가 군주를 섬기면 절개를 지켜 의리를 세움으로써 사직에 이바지할 수 있겠지만, 임천(林泉)에 물러나 살면서 도를 닦고 해악을 멀리하여 올바른 길복을 누리는 것만 같지 못하리라." 하고, 또 "금(金)의 운세는 화(火)를 만나면 상극(相剋)이 되고 토(土)를 만나면 상생(相生)을 얻으니 이는 곧 후천(後天)의 현달할 운명이다."고 했다.

■ 임오(壬午) 15년(1642) 공 21세

○ 3월 8일에 할머니 정부인(鄭夫人)의 상을 당했다. 공은 일찍이 어머니를 잃고 계속 할머니의 사랑을 받으며 양육되었기 때문에 곡읍(哭泣)과 궤전(饋奠)의 절차를 어머니를 잃었을 때와 똑같이 하되 또한 감히 예법을 넘지는 않았다.

○ 12월 모일에 외할머니 조부인(趙夫人)의 상을 당했다. 공은 6세에 어머니를 잃고 외할머니의 애틋한 사랑과 구휼을 입었으므로 부음을 듣자 곧 상차(喪次)로 달려가 정례(情禮)를 극진히 표했다.

았다. 안음은 이때 할아버지를 따라 가서 공부한 것이다.

1) 추보(推步) : 천체(天體)의 운행을 관측하는 것. 여기서는 인간의 운명을 잘 예언하는 자를 말함.

■ 계미(癸未) 16년(1643) 공 22세

○ 4월 21일에 계부(季父) 선교랑(宣敎郎)의 상을 당했다. 선교랑의 휘는 일지(逸之), 향년 31세에 세상을 떴다. 종제 삼(㵸)과 위(崴)가 모두 어렸으므로 모든 일을 숙모 송부인(宋夫人)에게 여쭈어 행하였다.

■ 갑신(甲申) 17년(1644) 공 23세

○ 6월에 숭정(崇禎)황제가 사직을 위해 순절했다는 소식을 듣고 통곡한 뒤 애도를 표했다.

○ 9월에 할아버지의 명을 받아 신독재(愼獨齋) 김집(金集) 선생에게 나아가 집지(執贄)[1]했다. 예를 마친 뒤 선생은 ≪주서절요(朱書節要)≫[2] 한 질을 주면서 말하기를, "이 책에는 사문(師門)이 전수하는 요지가 들어 있으니 그대도 이미 읽어 보았으리라 생각하지만 다시 숙독하여 체용(體用)을 갖추라." 하였다. 공은 절하고 받은 뒤 경건한 마음으로 읽었다.

■ 을유(乙酉) 18년(1645) 공 24세

○ 늦봄에 동문의 여러 학생들과 신독재 문하에 모여 강학하고 회포를 푸는 시를 지었다.

---

1) 집지(執贄) : 폐백을 드리고 제자가 됨.
2) 주서절요(朱書節要) : 퇴계(退溪) 이황(李滉)이 ≪주자대전(朱子大全)≫에서 편지의 요점만을 간략히 줄여 놓은 책.

○ 5월에 소현세자가 훙거(薨去)했다는 소식을 듣고 애도를 표했다.

■ 병술(丙戌) 19년(1646) 공 25세

○ 6월에 우계(遇溪)에서 바람 쐬고 목욕하며 옛 유적에 대한 감회를 적었다. 우계는 천봉산 죽원사(竹院寺 시금의 보싱 대원사)의 남쪽에 있는데 죽천(竹川) 박광전(朴光前) 선생이 일찍이 절에서 독서하다가 이 시내를 사랑하여 이름을 붙이고 돌에다 새겼으며 또 그 경치를 기록했다. 공이 연원(淵源)의 유래를 흠모하여 감회를 글로 적었다.

○ 여러 승려와 이별하면서 준 시가 남아 있다.

■ 정해(丁亥) 20년(1647) 공 26세

○ 봄에 할아버지의 명을 받고 참봉(參奉) 조송년(趙松年)을 찾아가 절했다. 그는 정암(靜庵) 조광조(趙光祖) 선생의 현손(玄孫)이다. 이 때 참봉은 용인(龍仁)의 문집 간행소에 있었는데, 공에게 말하기를, "여러 집안에서 편찬한 ≪기묘록(己卯錄)≫이 수없이 많지만 그대 조부께서 편찬한 책이 가장 정밀하고 내실 있게 진상을 적었기 때문에 출판하여 기리 전할 수 있도록 도모하겠네."라고 했다.

○ 노성(魯城)을 지나다 이구산(尼丘山)에 올라 시를 읊조렸다.

○ 겨울에 은봉정사(隱峰精舍)에서 강학하면서 매학(梅壑) 서봉령(徐鳳翎), 오봉(鰲峰) 양우전(梁禹甸), 남계(南溪) 곽제

화(郭齊華) 등 여러 문생들과 함께 ≪존문록(尊聞錄)≫[1]을 편찬했다.

■ 무자(戊子) 21년(1648) 공 27세

○ 큰형 소와공(邵窩公)이 진사에 입격한 통지서를 받았다. 소와공의 휘는 전(全), 학행이 뛰어나 참봉에 제수되고 벼슬이 현감에 이르렀다.

○ 12월에 택당(澤堂) 문정공(文靖公) 이식(李植)을 찾아가 배알했다. 이 때 택당은 사국(史局)[2]의 책임을 지고 있었는데 붕당론(朋黨論)에 관해 물었다. 공은 대답하기를, "존장(尊丈)께서는 동쪽에 살면서 서인(西人)으로 행세하고 청반(淸班)[3]에도 출입하여 선지(先知)와 숙견(熟見)이 결코 보통이 아닐 것이니, 저의 옅은 소견을 감히 외람되게 아뢸 수 없습니다. 그러나 이미 하문하셨으니 또한 감히 말하지 않을 수 없습니다. 조용히 듣건대, 성인의 도는 충서(忠恕)일 뿐입니다. 충서하게 되면 편당이 없게 됩니다. 오늘날 학자들은 겨우 책 한 권을 읽고 한 가지 일을 행

---

1) ≪존문록(尊聞錄)≫: 안방준의 수제자인 서봉령의 ≪매학집(梅壑集)≫에 실려 있는데, 이 글은 매학이 은봉정사(隱峰精舍)에서 공부할 때 스승으로부터 전해들은 이야기를 기록한 것이다.

2) 사국(史局) : 첫째는 예문관(藝文館)·춘추관(春秋館)의 별칭. 둘째, 기록을 꾸미는 실록청(實錄廳)과 일기청(日記廳) 등의 범칭(汎稱).

3) 청반(淸班) : 청관(淸官)을 말함. 이는 지위가 낮고 녹이 많지 않지만 뒷날에 높이 될 좋은 관직. 우리나라에서는 세자시강원(世子侍講院)이나 홍문관(弘文館) 등에 속한 벼슬인데 이를 청환(淸宦)이라고도 함.

하고서 스스로 재능이 있다고 자랑하고 각각 장점을 말합니다. 그래서 자신을 용서하는 일은 어둡고 남을 꾸짖는 일은 밝습니다. 논의는 분분하고 권리를 멋대로 부립니다. 백이(伯夷)를 혼탁하다 하고 척교(跖蹻)[1]를 청렴하다 하니, 사정(邪正)이 분별되지 않고 의리가 모두 없어졌습니다. 동서당쟁의 재앙은 여기에서 극심에 이르렀습니다. 또 동서의 분당 외에 어떤 당이 어디에서 일어나 양묵(楊墨)[2]의 해악을 불노(佛老)[3]보다 심하게 퍼뜨릴지 모릅니다. 만약 ≪춘추≫의 필법이 있어 그 명분을 바로잡아 그 죄를 성토한다면, 사특하고 도피하고 치우치고 방탕한 말을 지껄이는 무리들은 조정에 설 수 없고 세상에 다닐 수 없을 것입니다. 이는 세상의 윤리를 위해 감히 바라는 바입니다."라고 하니, 택당은 "거대한 집과 같고 정교한 먹줄과 같은 말이니 내 그대와 함께 하리라."라고 말했다.

■ 기축(己丑) 22년(1649) 공 28세

○ 신독재 선생에게 편지를 올렸다. 글은 잃어버렸다.

○ 5월 8일(병인)에 인조대왕이 승하하니 군정(郡庭)에 들어가 애도를 표했다. 효종(孝宗)대왕이 보위를 이었다.

---

1) 척교(跖蹻) : 도척(盜跖)과 장교(莊蹻). 모두 옛날의 큰 도둑.
2) 양묵(楊墨) : 위아설(爲我說)을 주장한 양주(楊朱)와 겸애설(兼愛說)을 주장한 묵적(墨翟).
3) 불노(佛老) : 불교(佛敎)와 노장(老莊)의 사상.

■ 경인(庚寅) 24년(1650) 효종(孝宗)대왕 원년 ○ 공 29세

○ 정월 14일(무진)에 아들 민상(敏相)이 태어났다.

○ 2월에 생원시(生員試)에 첫 번째로 합격했다.[1] 충익공(忠翼公) 이시백(李時白)이 고시관(考試官)이었고, 문희공(文僖公) 이익상(李翊相), 정헌공(靖憲公) 이광적(李光迪)과 함께 합격했다.

○ 5월 8일(경신), 대행대왕(大行大王)의 1주기에 관학(館學)에 들어가 망곡(望哭)[2]했다.

○ 10월 16일, 승지공의 회갑 생신에 장수를 기원했다.

■ 신묘(辛卯) 24년(1651) 공 30세

○ 5월 5일에 큰 외숙 첨정공(僉正公)의 상을 당했다. 멀리 떨어져 살아 상차(喪次)에 달려갈 수 없어 설위(設位)하고 곡했다. 장례를 치르던 날 제문을 지어 곡하고 영결했다. 제문은 잃어버렸다.

○ 같은 달 8일(갑신), 대행대왕의 2주기에 군정에 들어가 망곡하고 옷을 갈아입었다.

○ 8월에 관학에 머물면서 할아버지의 답장을 받았다. 간략히 살펴보면, "반임(泮任 성균관의 재임(齋任))은 옅은 소견으

---

1) 2월에……합격했다 : ≪사마방목≫에 따르면, 안음은 효종(孝宗) 8년(1657) 정유(丁酉) 식년시(式年試)에서 생원 3등(三等) 12위로 합격했다.

2) 망곡(望哭) : 국상(國喪)이 났을 때 서울에서는 대궐 문 앞에서, 지방에서는 서울을 바라보고 곡하는 일.

로는 감당할 수 없으니 공경하고 삼가라. 이번 가을 대향(大享)[1]에 전하께서 친히 임하신다고 하니, 성인을 높이고 유학을 일으키는 길이 여기에 지극하구나. 전하의 말씀과 훈계를 기록하여 잊지 말고, 관학의 모든 예절을 아울러 상세하게 기록하여 존안(存案)[2]으로 삼아 집에 돌아올 때 한 건을 베껴오도록 해라."

■ 임진(壬辰) 25년(1652) 공 31세

○ 봄에 혹독한 기아로 굶어 죽은 사람이 넘쳐나자 진휼(賑恤)에 나섰다. 공이 탄식하여 말하기를, "임진년(1592)의 재난이 참으로 이와 같았을까? 전쟁과 흉년은 재난이라는 점에서 매 한가지이다."하고, 승지공에게 아뢰어 집안에 쌓아둔 미곡을 내어 한 고을을 구휼하였다. 여러 고을에서도 그 의리를 본받아 진휼에 나섰는데, 이는 공이 앞장서 제창한 때문이었다.

○ 본도의 암행어사 노봉(老峯) 민공(閔公) 정중(鼎重)이 공의 행의(行義)를 조정에 알렸다.

○ 3월에 승의랑(承議郎)을 제수 받았다.

○ 여름에 할아버지에게 내린 통정대부(通政大夫)의 우로전(優

---

1) 대향(大享) : 매년 2월과 8월의 첫 정일(丁日)에 성균관에서 올리는 석전대제(釋奠大祭). 서울은 성균관 문묘(文廟)에서, 각 지방은 향교 대성전(大成殿)에서 공자 및 동서(東西)에 배향된 선현(先賢)에게 올리는 제향.
2) 존안(存案) : 없애버리지 않고 보존하여 두는 원안의 문건이나 안건.

老典)[1]을 받들었다.

○ 10월 25일에 장단으로 가서 성부인의 묘소에 성묘했다. 이 날은 성부인의 회갑 날이어서 묘소에 나아가 곡하고 전(奠)을 드려 죽은 이를 산 사람 섬기듯 하는 정성을 간략하게 폈다.

■ 계사(癸巳) 26년(1653) 공 32세

○ 3월에 할아버지에게 내린 공조참의(工曹參議)의 교지를 받들었다.

○ 여름에 오봉산(五峯山)을 유람했다. 이 산은 곧 남주(南州)의 소금강(小金剛)이다. 학동(鶴洞)과 용추(龍湫)의 뛰어난 경치가 있어 오봉(五峰) 정사제(鄭思悌)[2]가 일찍이 산암(山庵)에서 독서했는데, 여러 차례의 전쟁과 화재를 거치면서 거의 기울고 물이 샜다. 시공을 뛰어넘어 그의 충의에 감동하여 동지들과 간략하게 보수하고 '오봉유암(五峰遺庵)'이라는 편액을 걸었다.

○ 가을에 용산서원(龍山書院)[3]에서 강회하고 이튿날 대룡산

---

1) 우로전(優老典) : 국가에서 장수한 노인을 우대하는 은전.

2) 정사제(鄭思悌) : 1556-1592. 본관은 진주(晋州). 자는 유인(幼仁). 정성(鄭誠)의 아들이다. 1591년(선조 24) 식년문과에 병과로 급제하였다. 1592년 임진왜란이 일어나자 의병장 임계영(任啓英)의 종사관으로 장수에서 최경회(崔慶會)와 함께 전공을 세우고 성주와 개령 전투에 참여했다. 1754년(영조30) 부수찬에 추증되었다.

3) 용산서원(龍山書院) : 죽천(竹川) 박광전(朴光前)의 학덕을 기리는 서원.

(大龍山)을 유람했다. 동남쪽에는 영해(瀛海)가 있고 서북쪽에는 대천(大川)이 있으니 곧 보성군의 중심이 되는 산악이었다. 상대(上臺)는 넓고 둥글어 천여 명이 앉을 만했다. 매년 중구절(重九節 9월 9일 중양절)에 이곳에 국화꽃을 띄어놓고 즐겁게 보냈다.

■ 갑오(甲午) 27년(1654) 공 33세

○ 정월에 신독재 선생을 찾아뵈었다. 선생은 "요즘 어떤 책을 읽고 있는가?"라고 묻고, "아마도 그대 할아버지의 총명이 쇠하지 않고 가르침도 게을리하지 않을 것이니, 그대 학문의 진취를 어찌 헤아릴 수 있겠는가. 그러나 배워서 성공하는 것은 나에게 달려 있으니 아무쪼록 힘써 공부하라."고 말했다.

○ 11월 13일(기해)에 할아버지 문강공의 상을 당했다. 상례·장례·제례는 한결같이 주문공(朱文公)의 ≪가례(家禮)≫를 따라 거행했다. 이 때 승지공의 나이가 65세였는데 최마(衰麻)[1]하고 곡용(哭踊 소리 내어 울거나 가슴 치며 뜀)함이 몸을 상할 만큼 예법을 넘어서자, 공은 병이 날까 걱정되어 억지로 고기즙과 약물을 드렸다.

---

1) 최마(衰麻) : 최(衰)는 상복(喪服)이니 아버지 상에는 참최복(斬衰服)을, 어머니 상에는 자최복(齊衰服)을 입는다. 마(麻)는 수질(首絰)을 머리에 쓰는 가마(加麻).

■ 을미(乙未) 28년(1655) 공 34세

○ 3월 모일에 셋째 숙부 선교랑(宣敎郎)의 상을 당했다. 선교랑의 휘는 심지(審之), 거상(居喪)하다가 세상을 뜨니 습렴(襲斂)에 사용한 옷가지는 길복(吉服)과 소복(素服)을 혼용했다.

○ 윤5월에 신독재 선생의 부음을 듣고 곧장 영연(靈筵)으로 달려가 가마(加麻)한 뒤 제문을 갖추어 곡하고 영결했다.

■ 병신(丙申) 29년(1656) 공 35세

○ 12월에 소주촌(小舟村)에 터를 잡아 살았다. 지금의 주촌(酒村)을 말한다. 공은 아버지가 늙으시니 멀리 떨어져 살 수 없다 하고, 그 지역이 송산(松山)과 가까웠으므로 머물러 살게 된 것이다.

■ 정유(丁酉) 30년(1657) 공 36세

○ 봄에 아우 회(會)가 무과에 급제했다. 아우는 지략이 뛰어나 병마우후(兵馬虞侯)에 임명되었으며, 벼슬이 형조좌랑(刑曹佐郎)에 이르렀다.

○ 가을에 다시 동춘(同春) 송준길(宋浚吉) 선생에게 집지(執贄)의 예를 행했다. 신독재 선생이 세상을 뜨니 공은 스승의 예를 갖춰 동춘 선생을 모셨다. 선생은 항상 겸손하고 사양하여 스승의 자리에 앉지 않으려 했으나, 재삼 간

곡하게 청하여 나아가게 되었다. 공은 의심나는 예설(禮說)을 강론하여 밝혀낸 곳이 많았다. 선생은 찬탄하여 말하기를, "그대는 밝은 견식을 지녔으니 나에게 구하는 것이 아니라 오히려 나를 깨우쳐 일으켜 주는 사람일세."라고 했다.

■ 무술(戊戌) 31년(1658) 공 37세

○ 정월에 남송(南松) 조복양(趙復陽)이 계(啓)를 올려 "승의랑(承議郎) 안음(安崟)의 학문은 연원이 올바르고 행실은 효제로 닦여져 있으니, 발탁하여 교수(敎授)의 반열에 등용하심이 마땅할 줄 압니다."라고 청하니, 전하께서 "들어보니 매우 가상하구나. 마땅히 먼저 거두어 쓰라."고 했다.

○ 2월에 동몽교관(童蒙教官)을 제수 받았으나 나아가지 않았다. 도승지(都承旨) 강백년(姜柏年)이 교지를 받들었다.

○ 승지공은 할아버지가 월사(月沙) 상공(相公) 이정구(李廷龜)에게 보낸 답장[1]에 나온 '효선복편(孝先腹便)의 기(譏)'[2]를

---

1) 답장 : ≪은봉전서≫ 〈연보〉 52세조. 월사(月沙)가 예조판서가 되어 동몽교관(童蒙教官)에 천거하였으나, 안방준은 편지를 보내 사양했다. "봄에 처음으로 은택을 입어 동훈(童訓)의 관직을 제수 받았습니다. 스스로 생각해 보니, 미천하고 보잘 것 없는 이 사람은 젊어서 병으로 글을 폐하여 평범한 구두(句讀)도 자주 막힘에 한 집안의 자질(子姪)도 스스로 가르치지 못하고 모두 외부 선생에게 나아가게 하거늘, 하물며 분수에 맞지 않은 곳을 무턱대고 나아가 서울의 학자의 좌석에서 잘난 체하며 '효선복편(孝先腹便)의 기(譏)'를 달게 여기겠습니까?"

2) 효선복편(孝先腹便)의 기(譏) : 효선(孝先)은 변소(邊韶)의 자(字). 효선

들어 훈계했다.

○ 할아버지에게 추증한 가선대부(嘉善大夫) 이조참판(吏曹參判)의 교지를 받들었다. 동춘 선생과 문익공(文翼公) 김수흥(金壽興)이 경연에서 주청하여 추증된 것이다.

○ 동춘 선생에게 편지를 올렸다.

○ 종형 회정와(晦靜窩) 희(熺)에게 편지를 올렸다.

○ 3월에 봉훈랑(奉訓郎)을 제수 받았다.

○ 4월에 수의부위(修義副尉) 부사용(副司勇)을 제수 받았으나 나가지 않았다.

○ 7월에 충무위(忠武尉) 부사과(副司果)를 제수 받았으나 나가지 않고, 또 봉직랑(奉直郎)을 제수 받았다.

○ 남송(南松) 조상공(趙相公)의 별지(別紙)를 받아보았다. 간략히 보면, "그대가 한 번도 관직에 부임하지 않으니 이는 선조의 훈계를 잘 지키기 위해서 그러한 것입니까? 때에 따라 변통해 보는 것이 어떠합니까?"

○ 10월에 충무위(忠武尉) 부사정(副司正)을 제수 받았으나 나가지 않았다.

■ 기해(己亥) 32년(1659) 공 38세

○ 정월에 장단에서 파주로 달려가 매변당(梅邊堂)에게 시를 드렸다.

이 낮잠을 자자 제자가 효선은 배만 살찠다고 놀린 고사.

○ 2월에 관학에 들어가 오례(五禮)[1]와 육경(六經)[2]을 강론했다. 이 때 묘당(廟堂 의정부)의 의론이 관학의 임원을 별도로 간택하자고 했으므로 강연을 베풀어 오례와 육경에 능통한 사람을 선정한 것이다.

○ 3월에 통선랑(通善郎) 사포서 별제(司圃署別提)를 제수 받았다.

○ 5월 4일(갑자)에 효종대왕이 승하하니 관학에 들어가 애도를 표했다. 현종대왕이 보위를 이었다.

○ 10월에 통선랑(通善郎) 성균관 박사(成均館博士)를 제수 받았다.

■ 경자(庚子) 33년(1660) 현종(顯宗)대왕 원년 ○ 공 39세

○ 정월에 소장을 올려 예의(禮意)를 통렬하게 진달하고 아울러 윤선도(尹善道)의 죄를 법률로 따질 것을 청했다. 자의전(慈懿殿)의 복제(服制) 문제는 이미 정해졌건만 윤휴(尹鑴)의 당(黨)이 예의(禮議)에 가탁하고 윤선도를 은밀히 사주하여 유현(儒賢)을 모함하였다.

○ 5월 4일(무오)에 대행대왕의 1주기에 외반(外班)[3]에서 곡하였다.

---

1) 오례(五禮) : 다섯 가지의 예. 곧 길례(吉禮 제사), 흉례(凶禮 상례), 빈례(賓禮 빈객), 군례(軍禮 군사), 가례(嘉禮 관혼).

2) 육경(六經) : ≪역경≫ · ≪서경≫ · ≪시경≫ · ≪춘추≫ · ≪예기≫ · ≪악기(樂記)≫.

3) 외반(外班) : 중앙이 아닌 외곽의 반차(班次).

■ 신축(辛丑) 34년(1661) 공 40세

○ 5월 4일(임자)에 대행대왕의 2주기에 외반에서 곡하고 옷을 갈아입었다.

○ 6월에 상소하여 윤선도에게 형률을 더할 것을 청했다. 조경(趙絅)[1]의 무리들이 연달아 상소하여 윤선도를 구제하고 유신(儒臣)과 소신(疏臣)을 공격하였다.

■ 임인(壬寅) 35년(1662) 공 41세

○ 봄에 흥화문(興化門) 밖의 사제(私第)에서 우암(尤庵) 송시열(宋時烈) 선생을 배알했다. 이 때 우암 선생은 소명을 받들고 서울로 들어왔는데, 혹자가 묻기를 "박사(博士)는 어떤 사람입니까?"라고 하니, 우암이 대답하기를 "이 사람은 학문이 정직하여 외물로 치달리지 않으니 군자 같은 사람입니다. 아마 사림의 근본이 될 것입니다."라고 했다.

---

1) 조경(趙絅) : 1586-1669. 본관은 한양(漢陽). 자는 일장(日章), 호는 용주(龍洲)·주봉(柱峯). 윤근수(尹根壽)의 문인이다. 1626년(인조 4) 정시 문과에 장원함. 1627년 정묘호란이 일어나 인조가 강화도에 파천하고 조정에서 화전 양론이 분분할 때 지평으로 강화론을 주장하는 대신들에 대하여 강경하게 논박하였다. 이어 이조좌랑·이조정랑을 거쳐, 1636년 병자호란이 일어났을 때 사간으로 척화를 주장하였고, 이듬해 집의로 일본에 청병하여 청나라를 공격할 것을 상소하였으나 받아들여지지 않았다. 1643년 통신부사로 일본에 다녀와서 기행문을 저술하였다. 1650년 청나라가 사문사(査問使)의 척화신에 대한 처벌요구로 영의정 이경석(李景奭)과 함께 의주 백마산성(白馬山城)에 안치되었다가 이듬해 풀려나와, 1653년 회양부사를 지내고 포천에 은퇴하였다. 1661년 윤선도(尹善道)의 상소를 변호하다가 대간의 논박을 받고 파직되었다.

○ 4월에 참찬(參贊) 이강중(李剛中)의 편지를 받아보았다. 간략히 살펴보면, "고명(高明)의 계술(繼述)하는 정성을 우러러 공경한 지 오래되었습니다. 마침 ≪강한집(江漢集)≫[1]을 빌려보다가 그 중에 〈배신전(陪臣傳)〉[2]을 보니 존왕고(尊王考 안방준)의 사적이 실려 있더군요. 나도 몰래 떨리는 듯 경건한 마음이 일었습니다. 아마 고명이 아직 보지 못했을 것 같아 베껴서 보내드립니다."[3]

■ 계묘(癸卯) 36년(1663) 공 42세

○ 봄에 동춘 선생을 찾아뵈었다.

■ 갑진(甲辰) 37년(1664) 공 43세

○ 3월에 시남(市南) 문충공(文忠公) 유계(兪棨)의 부음을 듣고 제문을 지어 대신 곡하였다. 제문은 잃어버렸다.

○ 7월에 동춘 선생의 큰아들인 정랑(正郎) 광식(光栻)의 부음을 듣고 제문을 지어 곡하였다.

---

1) ≪강한집(江漢集)≫ : 강한(江漢) 황경원(黃景源)의 문집. 그의 자는 대경(大卿), 시호는 문경(文景), 본관은 장수(長水).

2) 〈배신전(陪臣傳)〉 : 병자년과 정묘년의 호란을 맞아 척화거의(斥和擧義)했던 여러 현인들의 사적을 모은 것이다. 언급한 인물은 동계(桐溪) 정온(鄭蘊), 팔송(八松) 윤황(尹煌), 능원대군(綾原大君) 이보(李俌), 동양위(東陽尉) 신익성(申翊聖), 운암(雲巖) 이흥발(李興浡), 우산(牛山) 안방준(安邦俊), 주부(主簿) 송시영(宋時榮), 채득기(蔡得沂).

3) 고명의……드립니다 : 이 조목은 잘못 들어간 듯하다. 〈배신전〉을 지은 황경원(1709-1787)은 안음이 세상을 뜬 이후에 태어난 인물이다.

○ 8월 14일(계유)에 승지공의 상을 당했다. 상례 · 장례 · 제례를 한결같이 주문공의 ≪가례≫를 따라 거행했다.
○ 10월에 보성군 건지산(乾池山) 아래 선영의 왼쪽 산기슭 경좌원에다 승지공을 장사지냈다.

■ 을사(乙巳) 38년(1665) 공 44세
○ 8월 14일(정묘)에 소상(小祥)을 거행했다.

■ 병오(丙午) 39년(1666) 공 45세
○ 8월 14일(임술)에 대상(大祥)을 거행하고 10월 18일(정묘)에 담제(禫祭)를 봉행했다.
○ 12월에 장단으로 가서 성부인 묘소에 성묘했다.
○ 계구(季舅) 정혜공(靖惠公)의 망모(望耄) 시를 차운하여 드렸다.

■ 정미(丁未) 40년(1667) 공 46세
○ 8월 23일(을미)에 승지공의 묘소를 옮겨 성부인의 묘소와 합장했다.
○ 판서 문익공(文翼公) 이경억(李慶億)이 공의 효행을 조정에 아뢰어 천거했다.
○ 12월에 통덕랑(通德郎) 후릉참봉(厚陵參奉)을 제수 받았다.

■ 무신(戊申) 41년(1668) 공 47세

○ 정월 3일에 아우 형랑공(刑郎公 안회)의 상을 당했다. 형랑공이 나이 42세에 세상을 뜨니 조카 수상(壽相)의 나이는 겨우 4세였다. 공이 그를 사랑으로 어루만지고 교육시키기를 마치 자신의 자식처럼 하였는데, 후에 학행으로 서령(署令)에 임명되고 벼슬이 현감에 이르렀다.

○ 가을에 큰 아들 민상(敏相)을 노봉(老峯) 문충공(文忠公) 민정중(閔鼎重)에게 보내 공부시켰다.

■ 기유(己酉) 42년(1669) 공 48세

○ 관학에 들어가 여러 학생들과 연명으로 상소하여 신덕왕후(神德王后)[1]를 태조의 사당에 부제(祔祭)할 것을 청했다. 상소문은 잃어버렸다. 이 때 우암 선생이 차자(箚子)를 올려 신덕왕후를 태조의 사당에 배향할 것을 청하였으나 주상께서 끝내 윤허하지 않자, 공이 마침내 여러 학생들과 연명으로 상소하여 강력히 요청하니 결국 사당에 오르고 부제하게 되었다.

---

1) 신덕왕후(神德王后) : 태조 이성계의 계비(繼妃) 강씨(康氏). 능은 정릉(貞陵). 태종 이방원의 폄하정책으로 인해 태조의 사당에 오르지 못했는데, 현종 때 우암 송시열의 건의로 복권되어 순원현경(順元顯敬)의 휘호를 추상(追上)하고 부제(祔祭)가 이루어졌다.

■ 경술(庚戌) 43년(1670) 공 49세

○ 정월에 미촌(美村) 윤선거(尹宣擧)의 부음을 듣고 제문을 지어 곡하고 영결했다. 제문은 잃어버렸다.

○ 2월에 세자익위사(世子翊衛司) 익위(翊衛)를 제수 받았다. 동궁의 관례(冠禮)를 치룰 기한이 다가오자 동춘 선생이 공의 넓은 학식과 밝은 예학을 주상께 천거하여 이런 하명이 있었다.

○ 9월에 가족을 이끌고 서울로 들어가 매계동(梅溪洞) 옛집에서 살았다. 둔암공(鈍庵公 안축(安紬)), 진사공(進士公 안중돈(安重敦)), 문강공(文康公 안방준)이 일찍이 살았던 집이다.

○ 12월에 김포에 들러 우저서원(牛渚書院)을 봉심했다. 이 서원은 중봉(重峯) 조헌(趙憲) 선생을 제향하는 곳이다. 공이 서원의 유생에게 말하기를, "선생은 세상에 드물게 배출된 진유(眞儒)로서 도학과 절의는 하늘에 뿌리박고 땅에 서려 공덕이 후세에 미쳤습니다. 때문에 나의 왕고(王考)께서는 선생을 경모하여 ≪동환봉사(東還封事)≫와 ≪항의신편(抗義新編)≫을 수정하고, 또 그 유문(遺文)과 잡저(雜著)를 초하여 본가로 보내기도 했는데, 간행했는지 모르겠습니다."하고, 백금(百金)을 내어 부조하였다.

■ 신해(辛亥) 44년(1671) 공 50세

○ 2월 20일에 중부(仲父) 선교랑(宣敎郎)의 상을 당했다. 선

교랑의 휘는 신지(愼之)이며 나이 80세에 세상을 뜨니, 종형 희(憘)도 늙었으나 몹시 슬퍼하다가 몸을 상해 병을 얻었다. 공은 때때로 약물을 보내 복용할 것을 청했다.

○ 10월 10일에 큰며느리 경주이씨(慶州李氏)의 상을 당했다. 이씨는 군수 광익(光翼)의 딸이요 설정(雪汀) 흘(仡)의 손녀인데 불행하게도 일찍 세상을 떠 장단 망해산(望海山) 선영의 왼쪽 산기슭에다 장사지냈다.

○ 후에 보성 유앵동(柳鶯洞) 뒷산으로 이장하여 삼합폄(三合窆)으로 모셨다.

■ 임자(壬子) 45년(1672) 공 51세

○ 10월에 석호(石湖) 윤문거(尹文擧)의 부음을 듣고 제문을 지어 곡하였다. 제문은 잃어버렸다.

○ 11월 24일에 동춘 선생의 상차(喪次)로 달려가 곡하고 가마(加麻)한 뒤 제문과 만사를 지어 제사 드렸다. 제문은 잃어버렸다.

○ 12월에 우옹(尤翁 송시열)을 판교(板橋)에서 배알했다. 그 자리에서 문곡(文谷) 김수항(金壽恒)을 보고 절의와 학문의 뜻에 대한 의문점을 변석(辨釋)했다. 문강공이 일찍이 말하기를, "절의는 학문 가운데의 한 가지 일인데 오늘날 학자는 이를 나누어 둘로 보니 매우 한탄스럽다."고 했다. 이를 이해하지 못한 사람들은 도리어 절의와 학문을

나누어 둘로 만든 단서를 제공했다고 문곡에게 비방을 늘어놓았다. 문곡은 이를 의심하여 편지로 우옹에게 질문하기도 했었는데, 이에 이르러 은봉(隱峰)의 〈유사(遺事)〉[1] 중의 본문을 서로 참조하여 변석하니, 문곡이 "오늘에야 은봉의 학문과 절의를 알게 되었으니 전일의 천박한 들음과 물음은 말할 거리도 못된다."라고 말했다.

○ 사옹원 주부(司饔院主簿)를 제수 받았으나 나아가지 않았다.

○ 이조판서 홍처량(洪處亮)의 편지를 받았다. 그 줄거리는 다음과 같다. "사선(司膳)[2]은 한미한 직책이니 비록 현인을 대우하는 도리가 아니지만, 또한 존경한 나머지 우리 부서에서 공을 천거한 것입니다. 바라건대 부응해 주시면 좋겠습니다."

○ 북정(北汀) 홍처량에게 답장을 보냈다.

■ 계축(癸丑) 46년(1673) 공 52세

○ 2월에 보성 소주촌(小舟村) 옛집으로 돌아왔다.

○ 3월 16일(을유)에 부인 윤씨의 상을 당했다. 초종(初終)[3]의 모든 예절을 한결같이 예문(禮文)을 따라 거행했으며 소주

---

1) 〈유사(遺事)〉 : 문인 서봉령(徐鳳翎)이 기록한 것이다.
2) 사선(司膳) : 사옹원(司饔院)을 달리 이르는 말. 이곳은 조선조 때 궁중의 음식에 관한 일을 맡아보던 관청이다. 또 주원(廚院), 상식사(尚食司)라고도 함.
3) 초종(初終) : 초상(初喪)이 난 뒤로부터 졸곡(卒哭) 때까지를 일컬음.

촌 뒷산기슭에 장사지냈다.

○ 갑술년에 검월등(劍月嶝)으로 이장하여 합봉했다.

○ 4월에 소와공(邵窩公)의 답장을 받았다. "배필이 애통하게도 세상을 떴으나 크게 건강을 해치지 않았고, 서울집의 안식구도 무사히 도착하였고, 장지도 가까운 곳에 가려잡았다고 하니 이는 천만 다행일세. 반혼(返魂 신주를 모시고 사당으로 돌아옴)을 거행할 날을 언제쯤으로 정했는지? 멀리서 걱정만 더할 뿐이네. 조만종(趙萬宗)이 본가에서 신주(神主)를 만들어 그저께 이진(李晋)이라는 영리(寧吏) 편에 보냈는데 이미 전해졌는지 모르겠네. 영릉(寧陵 효종의 능호)을 봉심하는 절차는 오로지 소본(疏本)에 진술한 것처럼 하였건만, 그 당시 감동관(監董官)[1]이 요즘 구금된 걸로 보아 신윤서(申允瑞)도 또한 그 속에 연루될 것이니 이 일이 참으로 염려되네. 정승 정(鄭) 아무개[2]는 대감이므로 아직 체포되지는 않은 듯하나 주상께서 법대로 처리하라는 교지를 내렸으니 끝장이 어떻게 될지는 모르겠네. 능(陵)으로 가는 것은 추세로 보아 면하기 어려우니 이를

---

1) 감동관(監董官) : 조선 시대에 국가의 토목 공사나 서적 간행 따위의 특별한 사업을 감독 · 관리하기 위하여 임명하던 임시직 벼슬.

2) 정(鄭) 아무개 : 정지화(鄭知和)로 추정됨. 정지화는 예조판서로 있던 1673년 영릉(寧陵)의 봉심(奉審)을 잘못한 죄로 관작을 삭탈당하고 한성 문밖으로 출송(黜送)되는 일이 있었다. 약 1년간 시골에서 지내다가 현종이 죽기 몇 달 전에 좌의정으로 기용되었으나, 곧 신병을 칭하여 중추부판사로 물러앉았다.

잘 헤아려 주게."

○ 6월에 사헌부 감찰(司憲府監察)을 제수 받았으나 나가지 않았다.

○ 7월에 형조좌랑(刑曹佐郞)을 제수 받았으나 나가지 않았다.

○ 10월 15일(신축)에 영릉(寧陵)을 영릉(英陵)의 곁으로 이장하여 모시니 길 가에서 큰 상여를 바라보고 곡하였다.

■ 갑인(甲寅) 47년(1674) 공 53세

○ 2월 24일(임술)에 인선왕후(仁宣王后)가 승하하자 외반(外班)에 들어가 애도를 표했다.

○ 7월 7일에 서자(庶子) 기상(箕相)이 태어났다. 이에 앞서 광산 김씨(光山金氏)를 소가(小家)로 맞아 서울 매계동 옛집에서 살았다.

○ 8월 18일(기유)에 현종대왕이 승하하자 내반(內班)에 들어가 애도를 표했다. 숙종대왕이 보위를 이었다.

■ 을묘(乙卯) 48년(1675) 숙종대왕 원년 ○ 공 54세

○ 정월에 궁궐로 달려가 소장을 올려 변론했다. 윤휴(尹鑴)의 당인(黨人)인 이우정(李宇鼎)과 목창명(睦昌明)이 먼저 흉악한 논의를 꺼내고, 남천한(南天漢)과 이수경(李壽慶)이 이어서 또 포악한 위세를 떨치며 우암과 동춘 두 현인을 모함하니 결국 관직을 삭탈당하고 원지로 귀양 가기에 이르렀다.

○ 이 때 문곡(文谷) 김수항(金壽恒), 노봉(老峯) 민정중(閔鼎重), 임상원(任相元), 안진(安縝) 등이 변호하는 말을 올렸다가 견책을 받았으며, 우옹(尤翁)은 덕원(德源)으로 귀양 갔다가 6월에 장기(長鬐)에 위리(圍籬)되었다.

○ 8월 18일에 대행대왕의 1주기를 맞아 내반(內班)에서 곡하였다.

○ 12월에 벼슬을 빼앗기고 내쫓겼다. 윤선도(尹善道)의 외손인 심단(沈檀)이 동춘 선생의 관직을 추탈할 것을 거듭 청하여 윤허를 얻게 되자, 홍득우(洪得禹)·조상우(趙相愚)·안세징(安世徵) 등이 모두 상소하였다가 귀양을 당했다. 공은 그날 곧장 궁궐에서 울부짖으며 변론하였으나, 주상께서 기뻐하지 않으시고 결국 이렇게 하명했다. 공은 이에 궁궐을 바라보며 통곡하고 물러났다.

■ 병진(丙辰) 49년(1676) 공 55세

○ 정월에 회덕(懷德)으로 돌아와 동춘 선생의 손자 병하(炳夏)를 찾아보고 선생의 묘소에 나아가 글을 지어 고유(告由)하였다.

○ 8월 18일에 대행대왕의 2주기를 맞아 군정(郡庭)에 들어가 망곡(望哭)하고 옷을 갈아입었다.

○ 9월에 우암 송선생의 위리소(圍籬所)로 편지를 올렸다. 편지는 잃어버렸다.

■ 정사(丁巳) 50년(1677) 공 56세

○ 문곡(文谷) 문충공(文忠公) 김수항(金壽恒)의 적소(謫所)에 편지를 보냈다.

■ 무오(戊午) 51년(1678) 공 57세

○ 봄에 외제(外弟) 참봉 양우성(梁禹成)의 죽음을 곡하고 만사를 지었다.

○ 판서 오도일(吳道一) 관지(貫之)에게 답장을 보냈다.

○ 태고정(太古亭)의 운을 빌려 시를 지었다. 이 정자는 문희순(文希舜) 여화(汝華)가 은거하며 학문하던 곳인데, 여화는 바로 문강공(文康公)의 문인이다.

■ 기미(己未) 52년(1679) 공 58세

○ 관학의 유생들이 신구소(伸救疏)를 올렸다. 내용은 잃어버렸다. 전년 무오에 해당(海黨)[1]의 김치상(金致相), 서국현(徐國賢), 나(羅) 이름은 미상 등 수십 명의 무리가 은봉(隱峰)의 원우(院宇)를 훼철하려는 뜻을 가지고 통문을 발하고 소장을 던지더니, 이제 또 공의 경자·신축년의 두 상소문은 정론이 아니라 하고 그 스승의 죄를 형률로 따지게 하였으며, 완교(完校)로 불러 모아 진상을 날조하여 모함하는 상소를 제출하였으므로 관학의 유생들이 상소하여 변론하

1) 해당(海黨) : 해남(海南)에 살던 윤선도(尹善道)의 당인들.

고 서당(徐黨)을 성토하였으며 유안(儒案)에서 삭제하여 축출했다.

○ 이조판서 김만기(金萬基), 병조판서 김석주(金錫胄)가 주청하기를, "밖으로 축출한 신하 안음(安崟)의 학술은 산림(山林)[1]으로서 경세제민(經世濟民)할 만하고, 그의 기절(氣節)은 또한 종사(宗社)의 주석(柱石)이 될 만하니 다시 소명하여 관직을 맡김이 마땅한 줄 압니다."하니, 주상께서 "아직은 기다려 보라."고 말했다.

○ 서석(瑞石) 김만기(金萬基)의 편지를 받아보았다. 간략히 살펴보면, "우리가 서로 보지 못한 지도 어언 3년이 되었으니 운명인 걸 어찌하겠습니까. 남쪽으로 떠가는 구름을 바라보며 만날 날을 애써 기다립니다. 오늘의 국사는 조금 회천(回天)[2]할 희망이 보입니다. 노봉(老峯 민정중)이 사직하고 죄를 청한 뒤로 흉악한 무리가 날로 기가 꺾여 귀양 간 사람들이 장차 돌아오게 될 것이니, 어찌 분발하여 정치에 힘쓸 때가 아니겠습니까. 주상께서 소명을 내릴 길을 찾아볼 듯하니 스스로 머뭇거리지 말기를 바랍니다." 하였다.

○ 6월에 소명(召命)으로 조봉대부(朝奉大夫) 예조좌랑(禮曹佐

---

1) 산림(山林) : 벼슬하지 않은 학덕이 높은 선비. 산림지사(山林之士) 또는 산림처사(山林處士)라고도 부른다.

2) 회천(回天) : 임금의 마음을 돌리게 함. 또 국세(國勢)를 만회함. 쇠운(衰運)을 회복시킴.

郞)을 제수 받았다. 공은 소명을 받고 부임하지 않은 것이 의리에 미안하며, 한번 주상의 얼굴을 뵙고 품은 생각을 아뢰어야겠다고 마음먹고, 마침내 대궐로 나아가 사은숙배(謝恩肅拜)를 드렸다. 주상께서 하교하기를, "과인이 우매하여 하는 일이 서로 어긋나 여기에 이르렀으니 한탄스러움을 어찌 다 말하겠는가. 힘써 그대의 직책을 수행하라."하였다.

다음날 소대(召對)[1]하여 공은 종척(宗戚)의 근심, 분당(分黨)의 폐단, 공거(貢擧)[2]의 실패, 전부(田賦)[3]의 남용, 군포(軍布)의 징발 및 천지의 변괴와 재이(災異) 등 수십 조목을 반복해서 상세히 아뢰고, 고·기(皐箕)[4]의 오전(五典)·구덕(九德)의 교훈과 팔정(八政)[5]·오극(五極)의 전범을 조목조목 아뢰어 대양(對揚)[6]의 책임을 다했다. 그리고 공손히 절하고 머리를 조아리니, 주상께서 칭찬하고 가상

---

1) 소대(召對) : 궐내에 들어가서 임금의 자문에 응하는 것. 임금의 명령으로 입대하는 것은 소대(召對), 문무관이 윤번으로 입대하는 것은 윤대(輪對), 중신이나 대신이 단독으로 입대하는 것은 독대(獨對)이다.

2) 공거(貢擧) : 중국 수(隋)나라 양제(煬帝) 이후의 관리 등용법의 하나. 각 지방의 글재주가 있는 사람을 천거하게 하여, 그들을 고시(考試)하여 합격자를 임용함.

3) 전부(田賦) : 전지(田地)에 매긴 부세(賦稅). 곧 전세(田稅).

4) 고·기(皐箕) : 순 임금 때의 어진 신하로 옥관(獄官)의 장을 지낸 고요(皐陶)와 은나라의 태사(太師)로 주왕(紂王)에게 자주 간하다가 잡혀 종이 된 현인인 기자(箕子)를 말함.

5) 팔정(八政) : 국가를 다스리는 여덟 가지 정사(政事). 곧 식(食)·화(貨)·사(祀)·사공(司空)·사도(司徒)·사구(司寇)·빈(賓)·사(師).

6) 대양(對揚) : 군명(君命)에 대답하여 그 뜻을 천하에 들춰내는 것.

히 여겨 "가혹한 관리는 무더위와 같지만, 인자한 군자는 시원한 바람과 같다."고 말하며, 학두선(鶴頭扇) 한 자루를 상으로 하사했다.

○ 10월에 입대(入對)하여 분당의 재앙을 강력하게 아뢰니, 주상께서 가납하고 '일엽춘(一葉春)'이라는 세 글자를 친히 써 주었다.

○ 매학(梅壑) 서봉령(徐鳳翎)의 편지를 받아보았다. 간략히 줄이면, "복직되어 신하의 반열에 나아가 공신(拱宸)[1]의 정성을 펼치고, 영백씨(令伯氏 안전(安墊))도 함께 출사하였다는 소식을 요즘에야 들었습니다. 흡사 녹문(鹿門)과 같은 장대한 모습이 상상되니 더욱 축하할 마음이 솟구칩니다. 이 또한 명이(明夷)[2]의 상황에서 지극히 다행스런 일입니다. 요즘은 돈복(敦復)[3]의 형국이니 선현의 관작과 시호를 추증하고 서원과 사우를 건립하는 일을 하소연하기에 가장 적당한 때이며, 더구나 노봉 상국(老峯相國 민정중)이 또 명철한 신하들의 우두머리로 있으니 이는 참으로 절호의 기회입니다. 가만히 생각건대, 선생의 유문(遺文)

---

1) 공신(拱宸) : 사방의 인민이 임금의 덕화에 귀의하여 복종함.
2) 명이(明夷) :≪주역(周易)≫ 64괘(卦)의 하나. 현인(賢人)이 암군(暗君)을 만나 화를 당하는 상(象)이다.
3) 돈복(敦復) : ≪주역≫ 64괘 가운데 복괘(復卦)의 육오효(六五爻)를 보면, "돈독하게 돌아오니 후회가 없다.[敦復無悔]" 하였다. 복괘는 다섯 음효(陰爻)의 밑에 하나의 양효(陽爻)가 있는 것으로 강건한 양기(陽氣)가 유순한 음기(陰氣)를 밀고 올라가는 상이다. 즉 돈복은 양기가 최고의 상태에 이르렀음을 의미한다.

과 장갈(狀碣 행장과 비문) 따위의 글은 뚜렷이 드러내어 관작과 시호를 신청하는 근본으로 삼아야할 것인데, 이미 원고를 깨끗이 정리했는지 모르겠습니다. 선생이 세상에 계셨을 때에 〈임진록(壬辰錄)〉을 포저(浦渚) 조상공(趙相公 조익(趙翼))에게 기증하였고, ≪혼정편록(混定編錄)≫ 한 건을 택당(澤堂) 이상공(李相公 이식(李植))에게 적어 보냈으니, 형이 조용히 두 집 자손에게 캐물어 수집하고 등사함으로써 완전한 문집이 되도록 함이 어떨는지요. 회답을 간절히 기다릴 뿐입니다." 하였다.

■ 경신(庚申) 53년(1680) 공 59세

○ 봄에 역적 윤휴(尹鑴)와 허견(許堅) 등이 복주(伏誅)되었다. 앞서 허견과 윤휴가 대의(大義)에 가탁하여 따로 체부(體府)를 설치하고, 은밀히 역사(力士)를 모집하거나 불순한 무리를 불러들였다. 이 해 봄에 별도로 큰 잔치를 열고 극비의 음모를 터뜨리려 하니, 공과 김석주·김만기 등 여러 사람이 충의로 분발하여 역적을 토멸하였다. 허견, 윤휴 및 이원정(李元禎), 오정창(吳挺昌), 태서(台瑞), 종실의 이정(李楨), 이남(李柟) 등이 모두 죽임을 당했다.

○ 8월 초하루에 둔촌(屯村) 문정공(文貞公) 민유중(閔維重) 및 동문 여러 학자들과 동춘 선생의 관직을 다시 회복해 줄 것을 청하여 윤허를 얻어내었다.

○ 10월 23일에 계구(季舅) 정혜공(靖惠公)의 부음을 듣고 곡하였다. 외삼촌과 생질 사이의 친근함이 있었고 또 가르침을 준 의리도 있어서 장례에 참석하여 제문을 짓고 곡전(哭奠)하였다. 제문은 잃어버렸다.

○ 26일(임자)에 대왕대비가 승하하시니 외반(外班)에서 곡하였다.

○ 11월에 소재(疎齋) 이이명(李頤命)에게 편지를 보내 문과에 급제한 것을 축하했다.

■ 신유(辛酉) 54년(1681) 공 60세

○ 6월에 전지(傳旨)를 내리고 공신의 녹권(錄券)을 하사하였다. 우승지 송창경(宋昌敬)이 교지를 받들었다. 보사원종훈(保社原從勳) 1등에 기록되고 품계를 한 등급 올렸으며, 부모에게 작위를 봉하고 자손에게 음직을 주었으며, 후세에도 죄를 용서하도록 했다. 아버지에게는 통정대부(通政大夫) 승정원 좌승지(承政院左承旨) 겸(兼) 경연 참찬관(經筵參贊官)을 추증하고, 어머니 성씨는 숙부인(淑夫人)이 되었으며 아들 민상은 통덕랑(通德郎)을 제수 받았다.

○ 7월에 통훈대부(通訓大夫) 공조좌랑(工曹佐郎)을 제수 받았다. 청나라 사신이 와서 조정을 엄히 문책하니 조정의 의론이 분분했다. 공이 나아가 우리나라의 충의와 전례(典禮)를 저들 나라에 진달하여 군친(君親)이 욕을 받는 의리

가 없어야 한다고 청했다.

○ 9월에 수부(水部)[1]에서 합계(合啓)로 공정대왕(恭靖大王 정종(定宗))의 존호(尊號)를 다시 올리는 제도를 청하였다. 공정대왕은 진실로 공손하고 능히 겸양하였으며 스스로 겸손하여 높이지 않는 등 요순과 같은 덕이 있어 이름을 붙일 수 없었다. 승하하신 초기에 존호를 더하지 못해 이후 여러 조정에서도 겨를을 내지 못한 전례(典禮)가 되었다. 이번에 영녕전(永寧殿)의 조주(祧主 체천(遞遷)한 신주)와 능침(陵寢)의 사시제(四時祭)를 논의하면서 존호를 더하는 예를 청하여 윤허를 얻었다.

○ 10월에 운봉현감(雲峰縣監)을 제수 받았으나 나가지 않았다. 매계동의 달빛이 그윽한 저녁에 조용히 선잠이 들었는데, 꿈에 의관을 갖춘 장자(長者)가 찾아와 "상사(上舍)나 동훈(童訓 동몽교관) 출신으로 4품의 관직을 거쳤으니 귀하다면 귀하거늘, 스스로 만족할 줄 모르고 선조의 훈계를 따르지 않으려 하는가?"라고 경계했다. 문득 꿈에서 깨고 보니 비바람이 처량하고 닭 울음이 그치지 않아 결국 '녹야지수(綠野止水)'[2]의 유의(遺意)에 느낀 바 있어 고

1) 수부(水部) : 공조(工曹)를 달리 이르는 말. 천관(天官)은 이조, 지부(地部)는 호조, 춘관(春官)은 예조, 기성(騎省)은 병조, 추조(秋曹)는 형조이다. ≪한훤차록(寒暄箚錄)≫ 1, 〈아문(衙門)〉

2) 녹야지수(綠野止水) : 안방준이 추탄(楸灘) 오윤겸(吳允謙)에게 보낸 편지를 보면, "말을 타고 동쪽 문을 빠져나와 드넓은 기상으로 귀향하여 시절이 평온하면 녹야당(綠野堂)을 짓고 세상이 혼란하면 지수정(止水

향으로 돌아갈 것을 결심했다.

○ 11월에 진정소(陳情疏)를 올리고 귀향했다. 상소문은 잃어버렸다. 현석(玄石) 문순공(文純公) 박세채(朴世采)가 칭찬하기를, "퇴우(退憂 안음의 당호)의 올곧음은 급암(汲黯)에 비길 만하되 만절(晩節)은 같지 않다. 급암은 회양(淮陽)에 부임했고 퇴우는 운봉에 부임하지 않았으니 부임의 여부에 현부(賢否)가 달려 있다."고 말했다.

■ 임술(壬戌) 55년(1682) 공 61세

○ 송산(松山)의 택촌(澤村) 남쪽에 두어 칸 집을 얽고 그 당(堂)에다 퇴우(退憂)라는 편액을 달았다. 공은 일찍이 명도(明道)[1]와 희문(希文)[2]의 소망을 자신의 책임으로 여겨, 걱정하고 사랑하는 진실한 마음이 벼슬에 나갔을 때나 물러났을 때나 차이가 없었다. 그래서 집이 완공되자 퇴우라는 편액을 걸고 주자의 '임금을 사랑하고 나라를 걱정

亭)을 지으십시오."라고 적혀 있다. (≪은봉전서(隱峰全書)≫ 권3, 서(書), 〈정승 추탄 오윤겸에게 보낸 별지[與楸灘吳相公允謙別紙]〉 참조) 이는 은봉이 동문 선배인 추탄에게 당론(黨論)이 치열한 혼란한 정국 속에 빠져 허송세월을 하는 것보다는 훌훌 털고 고향으로 돌아가 자연과 벗하며 만절(晩節)을 지키는 것이 훌륭한 처세라고 충고하는 내용이다.

1) 명도(明道) : 북송의 대유학자 정호(程顥)의 호. 아우 정이(程頤)와 함께 주돈이(周敦頤)의 문인이 됨.

2) 희문(希文) : 북송 인종 때의 명재상이요 문학자인 범중엄(范仲淹)의 자. 시호는 문정공(文正公)인데, '선우후락(先憂後樂 남보다 앞서 걱정하고 남보다 뒤에 즐거워한다)'이라는 명언을 남겼다. 그의 문집에서〈악양루(岳陽樓)〉는 널리 알려진 글이다.

한다[愛君憂國]'는 시를 모사하여 좌우명으로 삼았다.

○ 남주(南州)에서 공의 학문을 추종한 사람들이 송촌 선생(松村先生)이라 불렀고, 퇴우는 자호(自號)이다.

○ 문강공(文康公)의 유고를 편차하여 대계서원(大溪書院)에서 간행했다.[1] 노봉(老峯 민정중)이 칭찬하기를, "은봉의 세덕(世德)이 퇴우에게 전해져 오랠수록 더욱 빛이 난다." 하였다.

○ 문강공이 지은 ≪대학연의(大學演義)≫·〈이기사칠변(理氣四七辨)〉·≪전례고증(典禮攷證)≫ 등의 글은 지금 산일되

---

1) 이 조목은 약간의 문제가 있다. 이때는 문집을 간행했다기보다는 편차한 것으로 보아야 한다. 은봉 안방준의 문집은 여러 차례의 편집 과정을 거쳐 2번 간행되었다. 문집의 편찬 및 간행 과정을 살펴보면 다음과 같다. 문인 서봉령(徐鳳翎)과 손자 안전(安峑)·안음(安崟)·안희(安喜) 등이 1680년대에 문집을 편차했다. 이를 토대로 5대손 안창현(安昌賢)은 문집을 간행하기 위하여 1769년에 송덕상(宋德相)에게 서문을 받고, 송덕상·김종후(金鍾厚)·이기경(李基敬) 등의 교정을 거친 뒤 편차를 정하여 10권 5책의 정고본(定稿本)을 만들었다. 이 정고본이 ≪우산선생집(牛山先生集)≫으로 1773년(영조 49)에 10권 5책의 목활자로 간행되었다. 그리고 6대손 안수록(安壽祿)은 아들 안명윤(安命允)과 함께 ≪송자대전≫ 연보에 의거하여 안명기(安命紀)가 편찬한 연보를 증산(增刪)하는 한편 은봉의 시문을 편차·교정하여 중간을 도모하였다. 특히 안수록은 초간본 ≪우산선생집≫에 〈기묘유적(己卯遺蹟)〉·〈혼정편록(混定編錄)〉·〈항의신편(抗義新編)〉·〈연보〉·〈부록〉 등을 합편하여 ≪은봉전서(隱峯全書)≫의 정고본을 만든 뒤 간행하려 하였으나 뜻을 이루지 못하였다. 이후 종손 안영환(安永煥)이 족숙 안정수(安廷洙), 족형 안길환(安吉煥), 족제 안기환(安琪煥) 등과 함께 보성군수 유건환(俞建煥)의 도움을 받아 1864년에 보성 대계서원에서 목활자로 ≪은봉전서(隱峯全書)≫를 중간하였다.

어 전해지지 않으니 참으로 애석하다.

○ 생일에 자손들의 헌수례(獻壽禮)를 받지 않았다. 6월 29일은 공의 회갑 생일이었다. 며칠 전에 자질(子姪)들이 상수례(上壽禮)를 행할 것을 청하자, 공은 이를 금지하면서 말하기를, "나는 평소에도 잔치를 즐기지 않았거든, 하물며 (부모님을 생각하면) 애통함이 곱절이나 더한 생일날이겠는가." 하고, 길을 떠나 망해산(望海山)에 이르러 부모의 묘소에 곡전(哭奠)하고 묘소 아래 집에서 한 달 넘게 있다가 돌아왔다.

○ 노성(魯城)을 지나다 명재(明齋) 윤증(尹拯)을 찾아보았다. 명재가 말했다. "존왕고(尊王考)의 유문(遺文) 전질을 일찍이 사문(斯文) 경휘(景翬)[1]에게 부탁하였는데, 근래에는 거의 소식을 듣지 못해 차일피일하다가 오늘에 이르렀습니다. 이 또한 덕을 숭상하는 정성이 옅은 소치임을 매우 부끄럽게 생각합니다. 행여 유문(遺文)을 내게 보내주어 한번 볼 수 있게 된다면 고루한 저에게 큰 행운이 될 것입니다. 간절히 기다릴 뿐입니다. 만약 전질을 보내주기 어렵다면 그 중에서 ≪대학연의≫·〈이기사칠변〉·≪전례고증≫ 등의 글을 보내주심이 어떨는지요?"

○ 11월에 우암 선생에게 편지를 올렸다.

○ 감지당(坎止堂) 김징(金澄)[2]의 사적을 찬술했다. 글은 잃어버

---

1) 경휘(景翬) : 매학(梅壑) 서봉령(徐鳳翎)의 자.
2) 김징(金澄) : 1623-1676. 자는 원회(元會), 본관은 청풍(淸風).

렸다. 김공의 성품은 강직하고 지조가 단단하여 감사(監司)로 있을 때에 도리어 탐관오리로부터 탄핵을 받자, 동춘 선생이 상소하여 변론하기도 했다. 공은 동문 친구로서 그 전말을 상세히 알았으므로 그의 사적을 적은 것이다.

■ 계해(癸亥) 56년(1683) 공 62세

○ 정월에 아들 민상(敏相)을 훈계하여 통례원(通禮院)에 부임케 하였다. "통례원은 오례(五禮)를 담당하는 관청이므로 박식한 학문과 경전에 밝은 학술을 지니지 않으면 그 임무를 맡을 수 없다. 임금의 은혜에 사례하는 것은 의리에 합당하나, 직책을 사양하는 것은 지혜로 판단할 사항이니 너는 아무쪼록 두려워하는 생각을 갖고 잊지 말도록 하라."

○ 이 때 문곡(文谷) 김문충공(金文忠公 김수항)이 공의 큰 아들이 학문과 조행이 있다 하여 조정에 천거한 것이다.

○ 우암 선생에게 편지를 올렸다.

○ 9월에 파주를 찾아가 옛 발자취를 느끼고 시를 지었다.

○ 10월에 동춘구장(同春舊庄)을 출발하여 화양동(華陽洞)에 이르러 우암 선생을 배알했다. 밤새도록 얘기를 나누다 할아버지의 비명(碑銘)을 수정한 건에 이르자, 우암이 말하기를 "우리 두 집안의 세의는 진실로 두텁네. 내가 이미 글을 짓기로 착수했으니 마땅히 생각을 더 해보겠네." 라고 했다. 이윽고 주상께서 찾는 급보가 당도하여 우옹

(尤翁)은 곧장 서울로 출발하였으므로 잠깐 머무른 뒤 그곳을 떠났다. 그리고 수암(遂庵) 권상하(權尙夏)와 함께 의종(毅宗)황제 어필의 진본인 '예가 아니면 움직이지 말라[非禮不動]'는 넉 자를 봉심하고 통곡한 뒤 느낌을 시로 남겼다.

○ 11월에 외제(外弟) 병사(兵使) 양우급(梁禹及)의 죽음을 곡하고 만사를 지었다.

○ 12월 5일(갑진)에 명성왕후(明聖王后)가 승하하자 군정에 들어가 망곡(望哭)하였다.

■ 갑자(甲子) 57년(1684) 공 63세

○ 〈용학의의(庸學義疑)〉를 차록하고 〈예의문답(禮疑問答)〉을 찬술하여 문정(門庭)에 훈시하였다.

○ 은봉정사(隱峰精舍)를 찾아가 넷째 숙부 선교랑(宣教郎)을 배알했다. 선교랑의 휘는 익지(益之)요 호는 정습재(靜習齋)이니 어려서부터 질병을 앓았다가 물약의 경사[勿藥之慶][1]가 있었는데, 나이가 80세에 가까웠는데도 정신이 자약하고 고요한 마음으로 수도하였다. 일찍이 효행으로 암행어사의 천거에 오르기도 했다.

○ 노론(老論)과 소론(少論)으로 분열되었다는 소식을 듣고 마

1) 물약의 경사[勿藥之慶] : 병이 완치됨을 말한다. ≪주역≫ 무망괘(无妄卦) 구오(九五)에 "구오는 잘못이 없는 병이니 약을 쓰지 않아도 나을 것이다.[九五 无妄之疾 勿藥有喜]" 하였다.

침내 문을 걸고 세상에 나서지 않았다. 혹자가 노론과 소론의 시비(是非)를 묻자, "애라. 그만 두시지요. 천하에 양시론(兩是論)이 없어지면 시비는 자연히 정해질 터이죠. 사문(斯文)의 불행이 어쩌다가 이런 망극한 상황에 이르렀는가."라고 탄식했다.

○ 이에 앞서 윤증(尹拯)이 우암 선생의 언행의 본원은 '공의와 사리를 모두 시행하고'[義利雙行] '왕도와 패도를 함께 사용한다'[王霸併用]는 설에 있다고 글을 썼는데, 현석(玄石 박세채)이 스승과 제자의 의리를 보합하여 조정하려고 했다. 이에 이르러 글이 누출되어 회덕(懷德)[1]으로 굴러 들어가고, 최신(崔愼)이 올린 소장이 왕에게 전달되었다.[2] 노론과 소론의 분당은 이로부터 시작되었다.

■ 을축(乙丑) 58년(1685) 공 64세

○ 7월에 소명이 내려 통정대부(通政大夫) 병조참지(兵曹參知)를 제수 받았으나 나가지 않았다. 특별히 훈신에게 관작을 올려야 한다는 결정으로 이런 하명이 있었다. 그 유지

---

1) 회덕(懷德) : 우암(尤庵) 송시열(宋時烈)이 살던 곳이다.

2) 최신……전달되었다 : 1684년(숙종 10)에 송시열의 제자 최신은 상소하여, 윤증(尹拯)이 스승을 배반하였다고 공격하고 아울러 그의 아버지 윤선거(尹宣擧)를 '강도부로(江都俘虜)', 즉 강화도에서 포로가 된 노예라고 공격하였다. 최신의 상소를 본 숙종은 우답(優答)을 내려 스승을 위하여 상소한 그를 칭찬하였다. 이에 윤선거의 제자 김두명(金斗明)이 상소하여 최신의 상소문을 반박하고 윤선거를 옹호하였으며, 당대의 명유 박세채(朴世采)도 소를 올려 윤증을 변명하였다.

(諭旨)를 보면, "관작을 올리는 일은 뒤늦게야 깨달은 탄식이 없지 않지만, 잠시 강호에서 발길을 돌려 나의 기대를 저버리지 말라." 하였다.

○ 8월 보름날 밤에 빙호정(氷壺亭)에 올라 노닐며 달을 밟다가 이윽고 잠자리에 들었다. 꿈속에서 읊은 시 한 수를 남겼다.

○ 9월 9일(병인) 사시(巳時 오전 9-11시)에 퇴우당(退憂堂)에서 역책(易簀)[1]하였다. 초하루 아침(무오)에 사당에 참배한 뒤 소와공(邵窩公)을 모시고 함께 잠자리에 들어 밤이 늦도록 얘기를 나눴다. 이튿날 집으로 돌아와서 마루와 방을 깨끗이 청소하고 서적을 손질하여 보관하였다. 계해에 병을 얻으니 자식과 조카들이 의원을 부르고 탕약을 들기를 청했으나, 이를 물리치고 "천명(天命)을 따를 뿐이니 치료해봐야 무슨 보탬이 되겠는가."라고 말했다. 병인에 날이 밝자 세수하고 옷을 갈아입은 뒤 바르게 앉아 자식과 조카들을 훈계하면서 "우리 동방의 관작과 시호를 내리는 전례(典禮)는 너무 지나치게 꾸미는 것 같아 통탄스럽다. 사군자는 관직에 나가고 물러남, 사양하고 받을 즈음에 예법에 신중해야 하니, 관직과 품계의 서식(書式)은 다만 직접 역임한 품계만 쓸 것이요 사양한 관직은 쓰지 말라." 하고, 또 "너희들은 효제(孝悌)를 근본으로 삼아 학문

1) 역책(易簀) : 학덕이 높은 사람이 죽음 또는 그의 임종. 책(簀)은 대오리로 엮은 대자리.

하고 스스로 수양하여 권세와 이익을 가까이 말 것이며 명성이 알려지기를 구하지 말라."고 말하고 마침내 베개에 기댄 채 편안히 떠났다.

○ 부음이 조정에 전달되자 특별히 해조(該曹)[1]에 명을 내려 본도(本道)로 하여금 부의(賻儀)를 전달케 하였다. 부의로 명주 3필과 패주(貝珠) 한 쌍, 청동(靑銅) 2백 냥, 정미(精米) 다섯 섬과 상여군 30명을 보내왔다.

○ 11월 13일(경신)에 보성군 남쪽 검월등(劒月嶝) 유좌(酉坐)의 언덕에 장사지냈다.

■ 기사(己巳) 62년(1689)

○ 윤휴의 당인(黨人)인 목래선(睦來善)과 민암(閔黯) 등이 경신옥사(庚申獄事)를 들어 모함하니, 공의 훈작(勳爵)을 삭탈하라는 명이 내렸다. 세도가 크게 변하여 이명현(李命賢)·이의징(李義徵)·정유악(鄭維岳)의 무리들이 국사를 담당하면서 곤전(坤殿)[2]은 자리를 잃고, 우계와 율곡 두 선생은 문묘에서 출향되고 우암과 문곡은 후명(後命)[3]을 받았으며, 노봉(老峯)과 둔촌(屯村 민유중)은 유배지에서 죽었다. 또 〈기축기사(己丑記事)〉로 인해 송강 문청공(文淸公)

---

1) 해조(該曹) : 해당 부서라는 말이니 여기서는 예조(禮曹)를 말함.
2) 곤전(坤殿) : 후궁 장희빈이 새로이 숙종의 총애를 받자, 인현왕후 민씨는 폐위됨.
3) 후명(後命) : 귀양 보낸 죄인에게 사약을 내림.

정철과 문강공(文康公 안방준)이 관직을 삭탈당하고 원우(院宇)가 훼철되었다.

■ 신미(辛未) 64년(1691)

○ 진사(進士) 이광석(李光錫)과 본도의 유생 백여 명이 원통함을 풀어달라는 소[伸寃疏]를 올렸다. 글은 잃어버렸다.

■ 계유(癸酉) 66년(1693)

○ 박사(博士) 김유(金楺)가 관학 유생들을 이끌고 신복소(伸復疏)를 올렸다. 글은 잃어버렸다.

■ 갑술(甲戌) 67년(1694)

○ 훈작(勳爵)을 회복시키라는 하명을 받들어 녹권(錄券)을 개수하였다. 곤위(壼位 중전 민씨)가 회복되고 선비들의 원통함이 모두 풀어져 문강공도 관작이 복구되고 서원이 건립되었으며 큰아들 민상은 조봉대부(朝奉大夫) 익위사 익위(翊衛司翊衛)에 임명되었다.

○ 복훈도감(復勳都監)은 평천군(平川君) 신완(申琓), 광은군(光恩君) 김진구(金鎭龜), 사복시 정(司僕寺正) 이징명(李徵明), 부사과(副司果) 조태휘(趙泰彙), 동몽교관(童蒙教官) 박태은(朴泰殷)이 맡았다.

■ 을유(乙酉) 78년(1705)

○ 호남유생 유수정(柳壽鼎)[1] 등 백여 명이 상소하여 증작(贈爵)의 은전을 베풀 것을 청하였다. 당시 예조판서 조상우(趙相愚)가 병을 핑계로 체임(遞任)되어 그 일은 수그러들고 시행되지 못했다.

○ 진사 유수정의 꿈에 한 장자(長者)가 불러 경을 치기를, "그대는 청백리의 후예가 아닌가? 우리 동방의 증작과 시호(諡號)의 전례(典禮)는 근세 이래로 너무 지나치게 꾸밈이 많았으니, 이는 공론의 실수가 아님이 없다. 만일 죽은 자로 하여금 이를 알게 하면 어찌 치욕이 되지 않겠는가. 설령 몰랐다 하나 어찌 영예롭고 귀함이 되겠는가. 나는 살아서 역임한 품계만 호칭했고 죽어서는 사양한 관직을 쓰지 않을 것이니 증작한들 무엇 하랴. 내가 누구를 속이겠는가. 하늘을 속이랴. 이 일로 번잡스럽게 만들지 말라." 하였다. 문득 놀라 깨어나 여러 유생에게 꿈을 설명하고 이를 기록해 두었다.

■ 임진(壬辰) 85년(1712)

○ 우의정 조상우가 공의 자손을 등용할 것을 아뢰어 청하였다. "지난 을유년에 신이 춘관(春官 예조)에 있을 때 호남

---

1) 유수정(柳壽鼎) : 1660-? 본관은 문화(文化), 자는 사중(士重), 거주지는 고부(古阜), 부친은 유한상(柳漢祥)이다. 숙종 31년(1705) 증광 진사시(增廣進士試)에 합격했다.

유생 유수정 등이 고인이 된 참지(參知) 신(臣) 안음(安崟)의 증작에 관한 일로 상소하였는데, 신이 체임 중이어서 회계(回啓)하지 못했습니다. 그 일이 침체된 지 어언 8년이 되었는데 이는 앞으로 공론이 어떠한지를 기다려 보아야 할 일이요, 그의 적손(嫡孫)인 세철(世轍)은 시골에 살면서 글을 읽고 효우하여 신행이 일컬이졌으니, 보사훈신(保社勳臣)의 자손은 음직을 받는 전례에 따라 시행함이 마땅한 줄 압니다." 주상께서 그대로 윤허함으로써 세철에게 통사랑(通仕郎)이 제수되었다가 다시 통덕랑(通德郎)에 제수되었으며 나중에 사헌부 집의(司憲府執義)에 이르렀다.

■ 계사(癸巳) 86년(1713)

○ 지재(趾齋) 문충공 민진후(閔鎭厚)가 〈행장(行狀)〉을 지었다.

■ 을유(乙酉) 138년(1765) 영조대왕 41년

○ 문원공(文元公) 늑천(櫟泉) 송명흠(宋明欽) 선생이 〈묘표(墓表)〉를 지었다. 글은 잃어버렸다. 증손자 창호(昌虎) 송암(松庵)가 선생의 문하에 출입하면서 〈묘표〉를 받은 것이다.

■ 갑오(甲午) 147년(1774)

○ 증손자 창협(昌馦) 지암(止庵)이 유고를 편집하였다. 간행하지 못하고 수화(水火)에 잃어버렸다.

■ 임술(壬戌) 235년(1862) 철종대왕 13년

○ 본군의 유생들이 대룡산의 수석(水石)은 곧 선생이 유람하던 곳이라 하여, 산 아래 용곡(龍谷)에다 사우(祠宇)를 짓자고 논의한 뒤 도내의 여러 읍에 통문을 발송하였다. 유생은 이지용(李志容), 박중홍(朴重洪), 임관수(任瓘壽), 염재설(廉在卨), 채치묵(蔡致默), 이기형(李基衡), 정규문(鄭奎文) 등 수십 명이다.

■ 계해(癸亥) 융희(隆熙) 기원 후 17년(1923)

○ 소석(小石) 교리 이종문(李種文)이 〈묘갈명(墓碣銘)〉을 지었다.

■ 신묘(辛卯 2011) 4월 23일

○ 송촌공파 문중에서 선생의 묘소를 사초(莎草)하고, 〈묘표(墓表)〉를 다듬어 세웠다.

#《송촌집》 제 3 권

《송촌집》 제 3 권

〈부록(附錄)〉

만사(輓詞)

/ 서윤(庶尹) 이상익(李商翼)[1]

가을 밤 장경성[2]이 다시 빛을 발하니	長庚秋夜復先光
어진이 하늘나라에 오른 줄 짐작했다네	料識賢公陟帝鄉
남들은 곡하나 난 마음으로 슬퍼한다오	人哭卬否心隱痛
앞날 기틀과 훗날 자취를 뉘라 막을꼬	前機後轍有誰防

1) 이상익(李商翼) : 1628-? 자는 가성(可成), 본관은 경주(慶州), 출신지는 한양이다. 부친은 좌찬성(左贊成)에 추증된 이흘(李忔). 1652년(효종 3) 진사시에 합격하고, 1661년(현종 2)에 순릉참봉(順陵參奉)이 되었고, 동몽교관(童蒙敎官) · 선공감 감역(繕工監監役) · 공조정랑(工曹正郎) · 순창군수(淳昌郡守) · 한성부 서윤(漢城府庶尹) · 양근군수(楊根郡守) 등을 역임하였다.

2) 장경성(長庚星) : 저녁에 서쪽 하늘에 보이는 큰 별. 태백성(太白星)이라고도 한다.

제문(祭文) 1

/ 대사헌(大司憲) 성지행(成至行)[1)]

아, 애통합니다. 선생은 은봉의 초손(肖孫)으로 천계(天啓) 임술년(1622)에 태어나, 퇴우거사(退憂居士)로 숭정 을축년(1685)에 별세하였습니다. 본가와 외가의 가정교훈을 받았고, 신독재(愼獨齋)와 동춘(同春)에게 예학을 질문했습니다. 관학(館學)에 이름을 적고 경숙(京塾)에서 전하의 은혜에 사례하였습니다. 예법에 따라 상소하다가 강해(江海)로 쫓겨나고, 보사공신에 기록되어 붉은 글씨에 철로 된 녹권(錄券)을 받았습니다. 비바람 몰아치는 밤에 닭소리 그치지 않으니 재앙의 기미를 보고 벌떡 일어나, 관직을 떠나 바른 말로 간하고 쟁의(爭議)할 뿐 거듭 되는 임명에 굽히지 않았습니다.

선생은 아이였을 적에 병자년 강화(講和) 소식을 듣고, 분루를 삼키며 하늘에 호소하는 시를 지었습니다. "노나라 역사의 존주(尊周)의리로 보면, 차마 어찌 오랑캐와 같은 하늘을 이고 살랴." 또 우리 숭정(崇禎)황제의 어필을 봉심하고는 통곡하는 시를 남겼습니다. "다시 나아가 황은(皇恩)에 보답할 길 없으니, 어떻게 황하(黃河)에서 병기(兵器)를 씻고 돌아

---

1) 성지행(成至行) : 본관은 창녕(昌寧), 자는 여경(汝敬), 호는 매곡(梅谷). 성혼(成渾)의 현손이며, 성희주(成熙胄)의 아들이다. 문박(文博)하고 필체가 정밀하였으나 여러 차례 과거에 낙방하여 문음(門蔭)으로 벼슬길에 나아갔다. 현령을 그만두고 돌아와서 정자를 지어 청계(聽溪)라 하고, 아침 · 저녁으로 음영하면서 소요하였다.

올꼬." 이는 모두 선생의 본래 타고난 천리(天理)에 근원하여 충의를 붙잡아 행한 것이요, 인정(人情)의 절박한 상황에서 솟아나와 원통한 마음을 머금은 것이니, 선생은 마치 명나라 때의 일사(逸士)[1]처럼 보입니다.

그러나 이제는 모두 그만입니다. 남쪽에 큰 산악이 무너졌으니 그 누가 슬퍼하지 않겠습니까. 더구나 저의 아픔은 사사로운 정으로 보아 한층 더합니다. 대대로 환란을 겪을 적에 남북으로 먼 거리를 오가면서 친조카처럼 보살펴 주시니 목마른 자에게 물을 주는 과분한 은혜를 입었고, 편당(偏黨)을 짓지 말라고 경계하며 또 사문(斯文)을 진작하는데 노력하라는 부탁을 해 주셨습니다. 그런데 어찌하여 오늘 이렇게 갑자기 고인이 되셨습니까. 서글픈 마음에 남쪽 구름만 바라보니 눈물만 솟구칩니다. -이하 원문 빠짐-

1) 일사(逸士) : 높은 지조를 지니고 청나라 오랑캐의 조정에 출사하지 않은 채 속세에 묻혀 은거하던 선비.

제문(祭文) 2

/ 판서(判書) 이광적(李光迪)

아, 사람이 죽은 이를 조문하는 데는 사정(私情)으로 곡(哭)하기도 하고 세도(世道)로 곡하기도 합니다. 서글픈 내 아픔은 다른 사람의 곡보다 배나 더합니다. 태어나서 같은 세상에 살고 함께 과거에 합격하니 나이도 높고 덕도 높아 나는 형으로 섬겼습니다. -원문 빠짐- 누군들 생각했으리요. 오늘 옥량(屋樑)이 먼저 꺾일 줄을. 지금 산하(山河)를 보면 거센 물결이 도도히 흐르고 대지는 바다에 잠겼으니 나는 누구와 함께 돌아가야 합니까. 집불(執紼)[1]은 정(情)에서 나오고 지면(漬綿)[2]은 예(禮)로 하는 것입니다. 조용히 한 말씀 드려 통절하게 고합니다. 돌아가 지하의 조종(祖宗 왕실의 조상들)을 배알커든 대의(大義)를 아뢰고 난적(亂賊)을 토멸하여, 나라를 태산처럼 안정되게 하고 사도(斯道 유학)를 가을 햇볕이 쪼이듯 붙잡게 하소서. 영혼께서는 어둡지 않으시니 아마도 감응하여 임하셨겠지요.

---

1) 집불(執紼) : 조문하는 사람이 상여 줄을 끌고 가는 것. ≪예기(禮記)≫에 "장례를 도울 때 반드시 상여 줄을 잡는다.[助葬必執紼]"고 했다.

2) 지면(漬綿) : 후한(後漢) 때의 고사(高士)인 서치(徐穉)는 남의 초상집에 조문을 잘 다녔는데, 그는 항상 자기 집에서 닭 한 마리를 구은 다음, 미리 솜을 술에다 푹 적셔 이를 바싹 햇볕에 말려두었다가 이것으로 그 구은 닭을 싸가지고 곧바로 초상집 무덤 가로 가서 물에다 이 솜을 다시 적셔 주기(酒氣)가 나오도록 하여 그 술과 닭을 묘전에 차려 놓고 제전(祭奠)을 드렸다는 고사에서 온 말이다. ≪후한서(後漢書)≫ 권53, 〈서치전주(徐穉傳注)〉

신미년에 원통함을 풀어주기를 청한 상소

[辛未伸寃疏] 잃어버림

○ 진사(進士) 이광석(李光錫)이 본도의 유생(儒生) 백여 명과 함께 올렸다.

계유년에 훈작을 회복시켜 주기를 청한 상소

[癸酉伸復疏] 잃어버림

○ 박사(博士) 김유(金楺)가 관학(館學)의 유생을 이끌고 올렸다.

을유년에 증작을 청한 상소

[乙酉請爵疏] 호남유생 유수정(柳壽鼎) 등 백여 명이 올렸다.

삼가 아뢰니다. 신(臣) 등이 조용히 살펴보니 전하께서 현인을 숭상하여 관작(官爵)을 명하신 은전은 다른 많은 임금보다 훨씬 뛰어납니다. 태양처럼 중정(中正)한 마음과 왕춘(王春)[1] 같은 무사(無私)한 행위로, 실적을 증명할 수 있거나 공론으로 채록할 만한 사람이 있으면, 비록 먼 땅이나 궁한 바닷가, 세상에 드문 고족(孤族)이라 할지라도 모두 수소문하고 들춰서 포장(褒奬)하고 또 모두 청원에 따라 시행토록 하시니, 일찍이 '흠궐향우(欠闕向隅)하는 탄식'[2]이 없었습니다. 이

1) 왕춘(王春) : ≪춘추(春秋)≫ 은공(隱公) 원년의 "원년 봄 왕의 정월[元年春 王正月]"이라는 기록에 대한 ≪춘추공양전(春秋公羊傳)≫의 해설에서 연유하여, 천하를 통일한 제왕의 봄이라는 뜻을 갖게 되었는데, 보통은 새해의 봄을 가리키는 말로 쓰인다.

2) 흠궐향우(欠闕向隅)하는 탄식 : '흠궐'은 국가에서 내리는 은전이 부족하

로 해서 사방에 기풍을 진작시키시니 아, 너무나 지극합니다.

신 등은 초야에 엎드려 살지만 또한 청아(菁莪)[1]의 교화에 젖어 그 떳떳한 천성을 잃지 않았으니, 어찌 온 나라의 공론을 모아 삼가 전하의 귀에 들리게 하지 않겠습니까? 신 등이 사는 호남의 보성군에 이미 고인이 된 신하 참지(參知) 안음(安崟)은 옛적 유신(儒臣)이었던 방준(邦俊)의 손자이며 선정신(先正臣) 성혼(成渾)의 외손으로, 능히 시례(詩禮)의 가르침[2]을 돈독히 닦고 또 선정신 김집(金集)과 송준길(宋浚吉)을 사사하여 덕업(德業)과 예술(禮術)이 사문(斯文)에게 추앙받았습니다. 그래서 선정신 송시열은 '사림의 근본'이라고 칭송했고, 고인이 된 상신(相臣) 이식(李植)과 민정중(閔鼎重)은 '거대한 집이요 정교한 먹줄'이라 인정했는가 하면 '세덕(世德)의 연원'이라고 칭송하기도 했습니다.

거나 빠졌음을 의미하고, '향우'는 만당(滿堂)이 모두 기뻐하는데 오직 혼자만 상대하는 사람 없이 구석을 향해 탄식하는 일.

1) 청아(菁莪) : ≪시경≫에서 "무성한 것이 쑥이로다. 재목을 길러냄이 즐겁구나.[菁菁者莪, 樂育材也]"라고 했으니, '청아'는 많은 인재를 교육하는 것.

2) 시례(詩禮)의 가르침 : 백어(伯魚)가 아버지인 공자에게서 시(詩)와 예(禮)를 배워야 할 이유를 들은 고사에서 나온 것으로, 자식이 부친에게서 받는 교훈을 말함. ≪논어≫ 〈계씨(季氏)〉 13장을 보면, 아버지께서(공자) 언젠가 혼자 대청에 서 계실 때 내가(백어) 그 앞을 지나간 일이 있었다. 그 때 "시를 배웠느냐?"고 물으시기에 "아직 배우지 못했습니다." 했더니 "시를 읽지 못하면 말의 표현력을 기를 수 없다."고 하셨다. 그 뒤 또 혼자 대청에 서 계실 때, 그 앞을 지나가는데 "예를 배웠느냐?"고 물으셨다. "아직 배우지 못했습니다."했더니 "예를 배우지 않으면 사회인으로 처세하기 힘들다."고 하셨다.

효종 경인년(1650)에 생원시에 첫 번째로 합격하였으나, 마흔 살이 차지 않아 작고한 상신(相臣) 조복양(趙復陽)은 효제(孝弟)와 경례(經禮)의 학문으로 수천(首薦)하여 처음으로 동몽교관(童蒙敎官)을 거쳤습니다. 성균관 박사 시절에는 기해복제(己亥服制)로 두 차례 소장을 올려 간절하게 국제(國制)와 ≪대명률(大明律)≫을 진달하고 예법을 분열시킨 간신을 통렬히 배척하였습니다. 전하께서 동궁에서 가례(加禮)를 치를 때 송준길은 '넓은 학식과 예론에 밝다'고 추천하여 익위사 익위(翊衛司翊衛)를 제수 받았습니다. -원문 빠짐- 안음의 연원과 학문과 사업은 이미 전하께서도 통찰하고 계실 것입니다. 전하의 조정에서는 급암(汲黯)과 같다는 비답과 청풍(淸風)과 같다는 교지가 있었으며, 어제(御製)하신 글과 상으로 하사한 은전과 봉작(封爵)의 공훈은 모두 전하께서 친히 재가하신 것입니다. 가작(加爵)을 받지 않겠다는 절의에 대해서는 또한 전하께서 잘 알고 계시니 신 등의 떠들썩한 변론을 기다릴 필요가 없을 것입니다.

안음의 유결(遺訣) 중에서 "다만 역임한 품계만 쓸 것이요 사직한 것은 쓰지 말라."는 따위의 말로 논하면, 신 등의 오늘 청원은 안음의 평소의 뜻이 아니므로 선정신(先正臣) 이황(李滉)의 일을 빌려서 번거롭게 청하려 합니다. 이황은 우리 동방의 주자(朱子)로 선대 조정에서 예우했던 신하이며 벼슬이 우찬성에 이르렀는데, 그의 결사(訣辭)에 이르기를 "묘비석에 관작의 이름을 쓰지 말고 퇴도만은(退陶晩隱)이라고 쓰라."고 하였습니다. 후에 영의정을 추증하고 문순(文純)이라는 시호를 내렸습니다. 그렇다면 안음의 행동은 대개 이황에게 근원하고 있으며, 그의 맑은 기풍과 큰 절의는 후세에 탐욕꾼을 청렴하게 만들고 나태한 이를 일으켜 줄 수 있으니, 조가(朝家)[1]의 포증하는 은전이 다른 사람의 뒤에 이루어져서는 안 될 것으로 봅니다. 같은 시절의 유신(儒臣)이나 훈신(勳臣)은 모두 작시(爵諡)를 받았건만 안음에게는 미치지 않고 있으니, 혹 묘당(廟堂 의정부)의 공론이 오늘을 기다리려고 지연된 것인지요?

신 등이 외람됨을 돌아보지 않고 위엄을 무릅쓰면서 우러러 호소하오니, 삼가 바라건대 전하께서는 안음의 학문과 충의, 진퇴(進退)와 사수(辭受)의 실제 행동을 친히 살피시고, 특별히 증작의 아름다운 은전을 내려 풍화(風化)를 세우고 세교(世敎)를 돕도록 하시면 매우 다행스럽겠습니다. 전하의 성덕을 우러러 보며 간절히 바랍니다.

1) 조가(朝家) : 조정과 국가를 함께 이르는 말.

사우를 세우자는 통문

[建祠宇通文] 이지용(李志容), 박중홍(朴重洪), 임관수(任瓘壽), 염재설(廉在卨), 채치묵(蔡致默), 이기형(李基衡), 정규문(鄭奎文) 등 수십 명이 참여했다.

퇴우(退憂) 안(安) 선생의 휘는 음(崟)인데, 은봉(隱峰) 안 선생의 초손(肖孫)이요 우계(牛溪) 성 선생의 외손입니다. 학문은 두 가정에서 시례(詩禮)의 가르침을 학습했고, 또 신독재(愼獨齋) 김 선생과 동춘(同春) 송 선생을 스승으로 섬겨 덕이 한층 더 완성되었으며, 더불어 종유한 학자는 모두 거유(巨儒)요 명공(名公)이었습니다.

효종 · 현종 · 숙종 세 조정에서의 사업 가운데 그 큰 것만을 뽑아서 말씀드리겠습니다. 그는 사문(斯文)을 위해서는 〈용학의의(庸學疑義)〉를 차록하고 〈예의문답(禮疑問答)〉을 찬술했으며, 병자년 강화에 격분하여 하늘에 호소한 시와 숭정(崇禎)의 어필을 봉심(奉審)하고 쓴 시를 남겼으며, 경자년(1660, 현종 1)의 상소에서는 예의(禮議)를 통렬히 아뢰고 간신의 죄를 형률로 따졌으며, 을묘년(1675, 숙종 1)의 상소에서는 우암과 동춘 두 선생의 원통함을 변론하였으며, 임금께 거듭 시무책을 아뢰니 급암(汲黯)와 같다는 교지가 있었고, 그 후의 상소에서 스승 동춘의 추복(追復)에 관한 일을 청했습니다. 그는 조정을 위해서는 기미년(1679, 숙종 5) 소대(召對)에서 고 · 기(皐夔)의 모범으로 아뢰고 경계하니, 교지에서 왕께서 말씀하기를 "군자 같은 맑은 바람"이라 하고, 상으로 학두선(鶴頭扇) 한 자루를 하사했으며 어필로 쓴 일엽춘(一葉春) 석 자를 하사했습니다. 경신년(1680)에는 역적의 괴수를 토멸하여 정난보사(靖難保社) 공신으로 원훈(元勳) 1등에 기록되고 고비(考妣)에게 영화가 따랐으며 자손에게 음직이 미쳤습니다. 소장을 올려 정릉(貞陵)의 명예를 복권하여 태조의 사당에 부제(祔祭)하는 예를 아뢰고, 정종의 존호(尊號)를 올리는 전례(典禮)를 아뢰어 모두 윤허를 받아 그대로 시행하였습니다.

그의 관직의 이력은 생원(生員)으로부터 동교(童敎)·박사(博士)·익위(翊衛)·참봉(參奉)·주부(主簿)·감찰(監察)을 거쳐 형조·예조·공조의 좌랑(佐郎)에 이르렀는데, 외직인 운봉현감(雲峰縣監)에 부임하지 않고 고향으로 물러나 돌아왔습니다. 또 훈신(勳臣)의 작위를 받지 않고 늘그막에 정백자(程伯子)·범문정(范文正)·주부자(朱夫子)가 걱정했던 것을 자신의 걱정으로 삼아 집에 '퇴우(退憂)'라는 편액을 달고 이로써 삶을 마감하였는데, "사퇴한 관직을 쓰지 말라."는 유결(遺訣)은 참으로 퇴계(退溪) 이 선생의 유훈에 합당하니 또한 그를 사숙했다고 말할 수 있습니다.

선배들의 추천과 칭송에 대해서 말하면, 조남송(趙南松 조복양)은 효제와 경례(經禮)로 추천했고, 동춘 선생은 '학식이 넓고 예론에 밝다'고 계(啓)를 올렸고, 우암 선생은 '사림의 근본'이라 추앙했고, 김서석(金瑞石 김만기)은 '종사(宗社)의 지주'라고 칭송했고, 이택당(李澤堂 이식)은 '거대한 집이요 정교한 먹줄[巨厦繩墨]'이라 인정했고, 김문곡(金文谷 김수항)과 민노봉(閔老峯 민정중)은 '세덕(世德)의 연원(淵源)'이라 칭찬했고, 성사헌(成司憲 성지행)은 '숭정일사(崇禎逸士)'라 곡하였고, 민지재(閔趾齋 민진후)는 '백세의 전형(典衡)'이라 썼으니 이는 모두 정론입니다. 조동강(趙東岡 조상우)이 예조판서로 있을 때 본도의 유생이 증작(贈爵)을 청했던 일은 비록 선생의 평소의 유결(遺訣)은 아니지만, 공론에서 나왔고 일은 국전(國典)에 있으니 시행의 여부는 참으로 논할 것이 없습니다. 그러나 당당한 공론으로 볼 때 마땅히 깨끗하게 제사지내야 하는데 아직껏 조두(俎豆)[1]할 곳이 없으니, 이는 본 고을의 첫 번째 수치이며 또한 사림의 유감이 아니겠습니까.

조용히 생각해 보니 금년은 선생이 태어난 해이요, 을축년은 선생이 돌아간 해입니다. 이러한 때를 맞아 태산처럼 우러르는 마음이 더욱 어떠하겠습니까. 용곡(龍谷 대룡산 골짜기)의 산수(山水)는 곧 선생이 유상(遊賞)하던 곳이므로 영령을 편안히 모실 장소로 삼는데 공론이 일치하여 이에 통문을 보냅니다. 삼가 원하건대 첨군자께서는 현인을 좋아하고 덕을 숭상하여 본 고을이 전일에 겨를을 내지 못한 것을 깊이 책망하지 말고, 동성상응(同聲相應)하여 힘을 합하고 서로 응원

---

1) 조두(俎豆): 원래는 제사에 쓰는 도마와 접시. 곧 제향을 드릴 곳.

하여 선생의 학덕을 우러러 바라보고자 하는 마음에 부응해 주시면 천만 다행이겠습니다. 4년이 지나 병인년(1866, 고종 3)에 원근의 유림들이 대동단결하여 창건을 시작하였으나, 지연되다가 무진년(1868)에 이르러 포기하였다.

행장(行狀)

/ 문충공(文忠公) 민진후(閔鎭厚) 지음

파주와 우산의 두 가정에서 시례(詩禮)의 학문을 공경히 따르고 또 어진 스승을 따라 덕을 이루어 학문과 행실로 천기되고 숙종조에 공훈이 책록되었으나 한 번 물러나 거듭되는 소명에 굽히지 않은 사람이 있었으니 호남에 퇴우(退憂) 안공(安公)이 그 분이다. 공의 휘는 음(崟)이요 자는 경진(景鎭)이니 남주의 학자들이 송촌(松村) 선생이라 불렀고 퇴우는 그의 자호(自號)이다.

죽산(竹山) 안씨는 문혜공(文惠公) 원형(元衡)으로부터 족보가 시작되는데 좌찬성(左贊成) 면(勉), 제학공(提學公) 정생(挺生), 주부공(主簿公) 민(民), 퇴휴공(退休公) 범(範)으로 전해지면서 세상의 망족(望族)이 되었다. 고조 축(舳)은 호가 둔암(鈍庵)이요 문과에 급제하여 목사를 지냈으며 하서(河西) 김인후(金麟厚) 선생, 석천(石川) 임억령(林億齡)과 더불어 전원에서 한가롭게 종유하니 세간에서는 이들을 호남의 세 고결한 선비라 불렀다. 증조 중돈(重敦)은 성균관 진사이며, 조부 방준(邦俊)은 호가 은봉(隱峰), 도학과 절의가 뛰어나 세상의 유종(儒宗)으로 추앙받았으며 좨주(祭酒)[1]에 추증되었다.

---

1) 좨주(祭酒) : 조선조 때 성균관의 정 3품 벼슬. 주로 석전(釋奠)의 제향을 맡아보며 정 3품 이상의 학덕이 높은 사람을 시킴. 태종 때 사성(司成)으로 고치기도 함.

고(考) 후지(厚之)는 호가 송음(松陰)이니 좌승지(左承旨)에 추증되고 비(妣) 창녕성씨(昌寧成氏)는 좌찬성에 추증된 문준(文濬)의 딸이요 문간공(文簡公) 혼(渾)의 손녀이다. 천계(天啓) 임술년(1622, 광해군 14) 6월 29일에 공을 파주의 외가에서 낳으니, 해산하던 날 밤에 외할아버지는 북악산의 신선이 장경성(長庚星)의 유정(遺精)을 안아다 준 꿈을 꾸었고, 할아버지는 태산이 뜰을 누르고 금빛이 방안에 가득한데 한 청포(靑袍)를 입은 선비가 홀(笏)을 들고 당(堂)에 오르는 기이한 조짐을 꿈꾸었으므로 이름을 그렇게 지었다.

공은 태어나면서부터 특이한 자질을 지녀 인각봉취(麟角鳳嘴)[1]로 불렸다. 할아버지께 가훈을 잇고 파주에서 사숙하여 이미 학문을 이루고 신독재(愼獨齋) 선생에게 나아가 집지(執贄)하여 ≪주서절요(朱書節要)≫를 받아 읽었으며, 신독재가 세상을 뜨자 또 동춘(同春) 선생을 사사하여 정주(程朱)의 ≪가례(家禮)≫를 강론하였다. 당시에 우암(尤庵) 선생 같은 분도 '사림의 근본'이라고 칭송했으니 그가 종유(從遊)한 사람은 모두 명공(名公)이요 거유(巨儒)였다.

효종 경인년(1650)에 생원 시험을 첫 번째로 합격하니, 남송(南松) 조상공(趙相公 조복양)은 '효제(孝弟)와 경례(經禮)의 학'으로 천거하여 동몽교관과 성균관 박사를 제수 받았고, 또 화곡(華谷) 이상공(李相公 이경억)의 계청(啓請)으로 참봉을 제

---

1) 인각봉취(麟角鳳嘴) : 기린의 뿔과 봉황의 부리. 대단히 진귀한 것 또는 현철(賢哲)한 사람을 비유함.

수 받았으며, 동궁의 가례(加禮)를 당해 동춘 선생은 '박학명례(博學明禮)'로 천거하여 익위(翊衛)를 제수 받았으며, 주부(主簿)와 감찰(監察)을 거쳐 형조·예조·공조의 좌랑에 이르렀다. 운봉현감에 부임하지 않았고 또 참지(參知)를 받지 않았으니 공의 출처(出處)에 대한 크나큰 의리를 어찌 쉽게 말할 수 있겠는가.

천품이 강직하고 불편부당하여 타인의 과실은 논쟁하지 않았으나 임금과 스승의 어려움에 대해서는 반드시 소장(疏章)을 던져 힘껏 변론하여 죽을 지경에 이르러도 그만두지 않았다. 현종 경자년(1660)을 전후로 소를 올려 예의(禮議)를 통렬히 진달하고 간신배의 죄를 형률로 따졌으며, 당저(當宁)[1]께서 보위를 잇던 초기에 남은 당인(黨人)이 연이어 날조하고 모함하니 우암·동춘 두 선생은 안심하지 못하고 원통함을 풀 길이 없었다. 그래서 공은 주나라 문왕이 상보(尙父 강태공)에게 했던 것처럼, 그리고 한나라 소열(昭烈)이 공명(孔明 제갈량)에게 했던 것처럼 선왕은 두 선생을 극진히 대우하였다고 변론하니 말이 자못 경직(勁直)하여 급암(汲黯)과 같다는 교지를 받기에 이르렀다. 그러나 주상의 뜻이 정해지지 못해 우옹(尤翁 우암)이 장사(長沙)의 액[2]을 면치 못하고 춘옹

---

1) 당저(當宁) : 현재의 임금. 금상(今上). 원래는 "천자가 조회할 때에 제후왕(諸侯王)이 오기를 기다리고 서 있는 곳[天子當宁而立]"이다. ≪예기(禮記)≫ 〈곡례(曲禮)〉

2) 장사(長沙)의 액 : 한나라 문제(文帝) 때 가의(賈誼)는 나이 20에 소명을 받고 박사(博士)가 되었으나 대신(大臣)들의 꺼린 바 되어 귀양 가서

(春翁 동춘)도 결국 삭탈의 화를 입게 되었다. 이때에 충언을 한 자는 모두 귀양길에 올라 다시는 감히 말할 자가 없었으니 오랫동안 울다가 아픈 마음으로 "선대왕의 영혼이 하늘에서 굽어보시거늘, 이를 두고 어찌 전하께서 하늘을 본받는 효도를 다 했다고 하겠습니까."라고 고하였으나, 홀로 우는 학 소리는 구중궁궐 깊은 곳까지 들리지 않았고, 곧 파직 축출되어 남쪽으로 돌아가 동춘 선생의 묘소에 고유(告由)하고 "이미 능히 요순(堯舜)의 도(道)로 개진하여 바로잡아 구하지 못했고, 또 춘추의 의리로 죄를 성토하여 다스리지 못했으니 누구를 원망하며 누구를 허물하겠습니까. 천인(天人)이 함께 분노할 뿐입니다."라고 했다. 아, 오당(吾黨)의 후생(後生)으로 하여금 이 글을 읽게 하면 일체(一體)의 의리[1]를 느껴 저절로 두 눈초리로 흘겨볼 것이다.

기미년(1679, 숙종 5) 7월에 김상공(金相公) 서석(瑞石 김만기)이 경연에서 주청함으로 인해 소명을 받고 입대하여 종척(宗戚)의 근심, 분당(分黨)의 폐단, 공거(貢擧)의 실패, 군포(軍布)의 징발 및 외부 오랑캐와 내부의 적을 막는 것, 천지의 변괴와 재이(災異) 등 10여 조목을 반복해서 상세히 아뢰고, 오전(五典)·구덕(九德)의 교훈과 팔정(八政)·오극(五極)의 모범

장사왕(長沙王)의 태부(太傅)가 되었다. 33세에 죽음. ≪신서(新書)≫·≪가장사집(賈長沙集)≫ 등을 남겼다.

1) 일체(一體)의 의리 : 임금과 스승과 부모를 생삼사일(生三事一)의 의리로 보는 것.

을 조목조목 아뢰어 대양(對揚)의 책임을 다하니, 아름답도다! 임금의 말이여. "인자한 군자는 시원한 바람과 같다."는 교지와 학두선(鶴頭扇) 한 자루를 상으로 하사했다. 10월에 입대하여 붕당(朋黨)의 재앙을 강력히 아뢰니 주상께서 가납하고 '일엽춘(一葉春)' 세 글자를 써서 내렸다. 천은(天恩)이 융숭하여 방출했던 신하를 가까이에 모이게 하고 도유우불(都兪吁咈)[1]하니 삼대(三代)의 기풍이 보이는 듯했다. 다음 해 경신(1680)에 윤휴와 허적의 무리의 역모 죄를 토멸하여 정난보사(靖難保社)로 원훈(元勳)에 기록되고, 품계를 한 단계 더 하였으며 고비(考妣)에게 추증이 봉해지고 자손에게 음직이 내렸으며 후손의 죄를 용서해 주라고 하였다. 아, 군친(君親)을 섬기는 데 효(孝)를 옮겨 충(忠)으로 하고 충을 옮겨 효로 하니 효자(孝慈)가 함께 실현되었다. 이에 이르러 세상에 다시없는 광영을 얻었지만, '지족(止足)'의 일념이 자나 깨나 항상 맴돌았다. 마침내 '지수녹야(止水綠野)'의 유훈(遺訓)에 느낀 바 있어 운성(雲城)[2]의 외직에 부임하지 않고 사임하여 고향으로 돌아와 정백자(程伯子)와 범문정(范文正)의 소망을 자신의 책임으로 삼고, 주부자(朱夫子)의 '임금을 사랑하고 나라를 걱정한다[愛君憂國詩]'는 시를 모사하여 그 집에 '퇴우(退憂)'

1) 도유우불(都兪吁咈) : 도유는 찬성, 우불은 반대의 뜻. 요임금이 여러 신하와 정사를 논의할 때 쓰인 말. 전하여 군신(君臣) 간의 토론·심의의 뜻으로 쓰임.

2) 운성(雲城) : 전라도 운봉(雲峰)의 별칭.

라는 편액을 걸었으니, 대개 관직에 나가든 물러나든 한 가지로 근심한다는 뜻이다.

갑자년(1684, 숙종 10)의 분당(分黨)[1] 이후로 사문(斯文)의 기풍이 크게 손상된 것을 개탄하여 왕복하며 교수하는 일 따위를 사절하였다. 형조·예조·공조의 좌랑에 나아가지 않고 분수를 편안히 하여 도를 지키며 살다가 을축년(1685) 중구절(重九節)에 삶을 마감하였다. 이때 자손에게 경계하기를, "우리 동방의 관작과 시호는 너무 지나치게 꾸미니 통탄스럽다. 관계(官階)의 서식(書式)은 다만 역임한 관직만 쓸 것이요 사퇴한 관직은 쓰지 말라." 하고, 또 "너희들은 효제(孝弟)를 근본으로 삼아 학문하고 스스로 수양하되, 권력과 사리(私利)를 가까이 말 것이요 알려지기를 구하지 말라."고 하니, 이는 그의 유결(遺訣)이었다. 부음이 조정에 전해지자 특별히 훈신의 예로 부의할 것을 명하였다. 군의 남쪽 검월등(劒月嶝) 유좌(酉坐)의 언덕에 장사하니 장례식에 모인 사람이 매우 많았다. 신주의 분면(粉面)에 쓴 서식(書式)은 유결을 따라 써서 사람들의 귀와 눈에 비추니, 그 맑은 기풍과 위대한 절의는 크게 울리고 환히 빛나 가히 탐욕꾼과 완고한 사람을 흥감(興感)케 하는 바 있었으리라.

부인 해남윤씨(海南尹氏)는 통정(通政) 유방(惟方)의 딸이요 관찰사 복(復)의 증손인데, 정순(貞純)한 부인의 덕이 있었으

---

1) 분당(分黨) : 송시열과 윤증의 논쟁으로 서인이 노론(老論)과 소론(少論)으로 나뉨.

며 문자를 해득하여 제사를 모시고 빈객을 대접하는데 한결같이 예법을 따랐다. 계축년(1673) 3월 16일에 세상을 뜨니 묘소는 합폄이고 2남 5녀를 두었다. 적자(嫡子) 민상(敏相)은 벼슬이 익위(翊衛)요, 서자(庶子) 기상(箕相)은 벼슬이 교위(校尉)이다. 딸은 별제(別提) 최여천(崔與天), 감역(監役) 노찬(盧燦), 직장(直長) 임광(林洸), 참봉(參奉) 이태래(李泰來), 사과(司果) 임신(林藎)에게 차례로 시집갔다. 민상은 2남을 낳았는데 세철(世轍)은 벼슬이 집의(執義)이고 세보(世輔)는 통선랑(通善郞)이다. 나머지는 기록하지 않는다.

아, 공의 사행(事行)을 모두 거론할 수는 없지만 자의전(慈懿殿)의 기년복(朞年服)을 정론으로 편 것과 정릉(貞陵)의 추복(追復)에 관한 상소와 정종(定宗)의 존호(尊號)를 올리는 장계, 또 병자년 강화조약에 분노의 눈물을 흘리며 하늘에 호소하던 시와 우리 숭정황제의 어필을 봉심하고 통곡한 절의는 모두 떳떳한 천성에서 나온 것이니, 이는 예를 좋아하여 명분을 밝히고 원통함을 참으며 의리를 생각하여 천지의 강상(綱常)을 붙잡아 세운 것이 아니겠는가. 친필로 써서 상으로 준 맹부(盟府)[1]의 기적(紀績)은 대대로 전해질 은전이요, 〈용학차의(庸學箚義)〉와 〈예의문답(禮疑問答)〉은 후생을 계도한 길이 많이 들어있다.

아, 기사년(1689)의 변란은 통분과 박절함을 어찌 말로 다

---

1) 맹부(盟府) : 충훈부(忠勳府)의 별칭. 충훈부는 모든 공신의 부(府)로서 공신도감(功臣都監) 또는 충훈사(忠勳司)로 불리기도 한다.

하겠는가. 공에 대한 추탈(追奪)[1]이 저승에까지 미치더니, 다행스럽게도 태양이 갑술년(1694)에 다시 밝아 전지(傳旨)가 다시 내려오고 충효(忠孝)가 거듭 진달되었으며 유소(儒疏)로 신복(伸復)하여 사문(斯文)이 온전함을 얻었다. 그렇다면 공의 존몰(存歿)과 현회(顯晦)는 진실로 보통이 아니요 세도(世道)가 그와 함께 떠오르기도 가라앉기도 하였으니, 가히 백세(百世)의 법전이요 저울대가 될 수 있으리라. 이전에 관작을 올려주길 청한 일은 비록 평소의 유결과 어긋나지만, 공론만큼은 대단히 아름다운 것이었다. 공의 손자인 집의(執義) 세철(世轍) 군이 나를 찾아와 공의 〈행장〉을 부탁하였다. 가만히 생각해 보니 공은 우리 선자(先子)[2]와 동문(同門)이요 동덕(同德)인데 내가 늦게 태어나 공의 문정(門庭)에 쇄소(灑掃)[3]하지 못했다. 공을 흠모하고 숭상하는 마음이 보통 사람들과는 다르니, 정의로 보아 어찌 감히 사양하겠는가. 문득 고루함을 잊고 공의 사행을 뽑아 기록함으로써 훗날 대군자의 입언(立言)을 기다릴 뿐이다.

---

1) 추탈(追奪) : 죽은 뒤에 관직과 녹훈을 삭탈하는 것.
2) 선자(先子) : 둔촌(屯村) 민유중(閔維重)을 말함.
3) 쇄소(灑掃) : 물 뿌리고 비로 쓴다는 말인데, 나아가 배알하고 가르침을 받는 것.

묘표(墓表) 잃어버림

/ 문원공(文元公) 송명흠(宋明欽) 지음

묘갈명 병서(墓碣銘竝序)

/ 교리(校理) 이종문(李種文) 지음

숭정 을축년(1685, 숙종 11)에 퇴우(退憂) 안 선생이 세상을 뜬 뒤, 지재(趾齋) 문충공 민진후가 〈행장〉을 짓고 늑천(櫟泉) 문원공 송명흠이 〈묘표〉를 지었으나 표문(表文)이 전하지 않으니 아, 애석하다. 이전에 선생의 후손 규호(圭灝)가 정리(情理)를 좇아 천리 먼 길을 달려와 나에게 〈묘갈명〉을 부탁하니, 나는 후학의 천견(淺見)으로 글도 넉넉하게 갖추지 못했으나 의리로 보아 감히 사양할 수 없다.

삼가 살펴보니, 선생의 휘는 음(崟)이요 자는 경진(景鎭)이요 자호는 퇴우(退憂)라 한다. 안씨는 순흥에서 드러나 죽산을 본관으로 삼았으니, 문혜공(文惠公) 원형(元衡)을 시조로 여긴다. 학문과 충의로 벼슬아치가 대대로 전해져 빛났다. 고조 축(軸)의 호는 둔암(鈍庵)이요 미원(薇垣 사간원)에서 외직에 보임되어 네 고을에 읍재가 되었고, 하서 김인후 선생, 석천 임억령과 더불어 유유자적하니 세간에서 호남의 세 고결한 선비라고 불렀다. 증조 중돈(重敦)은 진사요, 조부 방준(邦俊)의 호는 은봉(隱峰)이며 도학과 절의로 세상의 유종(儒

宗)이 되었고 시호는 문강(文康)이다. 고(考)는 후지(厚之)이니 호는 송음(松陰)이요 좌승지에 추증되었고, 비(妣)는 숙부인 창녕성씨(昌寧成氏)이니 문간공(文簡公) 혼(渾)의 손녀요 창랑자(滄浪子) 문준(文濬)의 딸이다.

선생은 해산하던 날 밤에 장경성(長庚星 태백성)과 태산(泰山)의 기이한 꿈이 있었으므로 이를 토대로 이름과 자를 지었다. 유년시절에 사슴의 뿔과 봉황의 부리처럼 아름다운 자질을 가졌다고 일컬어졌는데, 할아버지께 가르침을 받고 파주에서 사숙하였다. 그가 좇아 배울 때에 신독재(愼獨齋) 선생은 ≪주서절요(朱書節要)≫를 내주며 읽도록 했고 동춘(同春) 선생은 ≪가례(家禮)≫를 주며 강론하니, 덕업(德業)은 더욱 진보하고 예학(禮學)은 매우 정밀해졌다. 효종 경인년(1650)에 사마(司馬)에 합격하고 학행으로 천거되어 동몽교관과 성균관 박사를 제수 받았다. 동궁의 가례(加禮 일종의 성년식)에 특별히 익위(翊衛)를 제수 받았으며, 별제(別提)·참봉(參奉)·주부(主簿)·감찰(監察)을 거쳐 형조·예조·공조의 좌랑(佐郎)에 이르렀다. 운봉(雲峰)의 외직에 보임되었으나 부임하지 않았고 또 참지(參知)에 관작을 더하라는 명을 받아들이지 않았다. 항상 강직한 성품으로 시류배의 기탄의 대상이 되었기에, 바탕은 쓰임으로 베풀어지지 않았고 지위는 덕에 차지 않았다. 그러나 공의 경력과 사업은 환하게 밝아 백세 뒤에도 증명할 수 있다.

기해년(1659)에 자의전(慈懿殿)의 기년복(朞年服)을 정론으로 주장하여 전후의 상소에서 예의(禮議)를 통렬히 개진하고 해간(海奸)[1]의 죄를 형률로 따졌으며, 정릉(貞陵)의 추복(追復)에 관한 장계와 정종대왕의 존호(尊號)를 올리는 일은, 모두 예를 좋아하고 명분을 밝혀 위를 향해 존모하는 마음에서 근원한 것이다. 또 병자년(1636) 강화(講和)에 하늘에 호소한 시와 숭정황제의 친필을 봉심한 절의는 통분을 참고 의리를 생각하여 만세에 존양(尊攘)[2]을 보인 것이 아니겠는가. 우암·동춘 두 선생의 을묘년(1675) 액난은 모두 예법에 반항한 간신들의 모함이었으나, 원통함을 풀 수 없게 되자 궁궐로 나아가 직접 고하기를, "유신(遺臣) 이송(二宋 송시열과 송준길)은 선왕에게는 강태공이나 제갈공명과 같고 전하에게는 주공이나 곽광(霍光)과 같은데, 갑자기 추탈(追奪)과 유배를 명하시니 하늘을 본받는 효도가 아닙니다." 하니 주상께서 경탄(敬憚)하면서 급암(汲黯)처럼 여겼다. 그러나 결국 파직 축출되어 남쪽 회덕(懷德)으로 돌아와 동춘 선생의 묘소에 절하고 아픈 마음으로 "요순의 도로 개진할 수 없었고" 또 "춘추의 의리로 성토할 수 없었다."고 고했다. 스스로 죄를 인책하니 이는 무척 서러운 심정에서 나온 것이리라. 혼란이 극에 달하면 다스려지기를 생각하는 것은 본래 정해진 이치이므로 기

1) 해간(海奸) : 해남(海南)에서 살았던 윤선도(尹善道)의 간악(奸惡)함.
2) 존양(尊攘) : 존화양이(尊華攘夷)의 준말. 중화(中華)의 문명을 존중하고 이적(夷狄)의 문란을 배척한다는 뜻.

미년(1679)에 다시 소명을 받들고 입대하여 종척(宗戚)·분당(分黨)·천변지재(天變地災) 등 10여 조목을 낱낱이 개진하고, 구덕(九德)의 가르침과 황극(皇極)의 본보기로 경계하였다. 주상께서 "군자의 맑은 바람과 같다."고 아름답게 말하면서 학두선(鶴頭扇)을 상으로 하사하니 은전이 지극하였다. 그런데 친필로 또 '일엽춘(一葉春)' 세 자를 써서 하사하니 성은이 하늘과 같아 그 은미한 뜻을 상상할 수 있겠다.

이듬해 봄에 윤휴(尹鑴)와 허적(許積)의 무리의 역모 죄를 토멸하여 공훈 1등에 책록되고 부모는 작위에 봉해졌으며 자손은 음직을 받았으며 임금을 섬기는 충성심으로 효성과 자애의 도리를 펼치니 아름답고 성하도다. 운봉(雲峰)의 외직에 보임됨에 이르러 비바람이 몰아치고 닭 울음이 그치지 않는 불길함을 느껴 결국 색홍(色鴻)의 일을 점치고 사퇴하여 고향으로 돌아와, 정백자(程伯子)와 범문정(范文正)의 근심을 자신의 근심으로 삼고 주부자(朱夫子)의 애우시(愛憂詩)를 모사하여 당호를 '퇴우(退憂)'라고 내거니 관직에 나가든 물러나든 근심은 같다는 뜻이리라. 갑자년부터 문을 잠그고 세상과 인연을 끊고 거듭되는 소명에 굽히지 않은 채, 한 광주리의 밥과 한 표주박의 물을 마시며 그 즐거움을 고치지 않았다. 〈용학의의(庸學疑義)〉를 차록하고 〈예의문답(禮疑問答)〉을 저술하였으며, 효제와 학문으로 문정(門庭)에서 가르치니 추종했던 남쪽 고을의 학자들이 '송촌 선생'이라 불렀다.

선생은 천계(天啓) 임술년(1622)에 태어나 숭정(崇禎) 을축년(1685)에 세상을 떴다. 부음이 조정에 전해지자 특별히 훈신(勳臣)의 예로 부의를 전달했으며 보성군 남쪽 검월등(劒月嶝) 유좌의 언덕에 장사했다. 신주의 분면(粉面)에 쓴 서식은 모두 유결(遺訣)에 따라 역임한 품계만 썼으니 그 맑은 기풍과 높은 절개는 흡사 퇴도만은(退陶晩隱)의 계명(戒銘)과 닮았으며, 진퇴와 사수(辭受)의 의리는 해와 별처럼 밝았으니 당세의 명위(名位)를 탐내는 사람들을 경계하고 두렵게 하여 부끄러움을 느끼게 하는 바 있었다. 그 후에 관작을 올려줄 것을 청하는 공론이 조정에 전해졌으나 보답이 시행되지 못한 것은 주상께 알려지지 않아서가 아니라 선생이 영원토록 사양한 때문에 그러한 것이리라.

부인 해남윤씨는 관찰사 복(復)의 증손이요 통정(通政) 유방(惟方)의 딸인데 일찍이 예법을 알아 관혼상제를 한결같이 준수하여 어기지 않으니 교화가 종친에게까지 미쳤다. 계축년(1673)에 세상을 뜨니 묘는 합봉이요 2남 5녀를 두었다. 적자 민상(敏相)은 익위(翊衛)요, 서자 기상(箕相)은 교위(校尉)요, 큰딸은 삭녕(朔寧) 최여천(崔與天)에게 시집갔으니 벼슬은 별제(別提)요, 다음은 풍천(豊川) 노찬(盧燦)에게 갔으니 벼슬은 감역(監役)이요, 다음은 금성(錦城) 임광(林洸)에게 갔으니 벼슬은 직장(直長)이요, 다음은 원주(原州) 이태래(李泰來)에게 갔으니 벼슬은 참봉이요, 다음은 금성(錦城) 임신(林藎)에게 갔으니 벼슬은 사과(司果)이다. 민상의 아들 세철(世轍)은 집의(執義)요 세보(世輔)는 통선랑(通善郞)이며 기상의 아들은 세홍(世弘)이다. 증손과 현손 및 외손은 여기에 기록하지 않는다.

아, 선생의 언행과 사적은 세상에 모두 전해지지 못했지만, '극기복례(克己復禮)' 넉 자로 안자(顔子)의 학문을 알 수 있듯이 '효제학문(孝弟學問)'의 한 마디로 선생의 대체를 짐작할 수 있겠다. 또 당시의 어진 스승과 저명한 공경(公卿)인 남송(南松) 조상공(趙相公 조복양), 동춘(同春) 송준길 선생, 서석(瑞石) 김문충공(金文忠公 김만기)이 모두 '효제와 경례(經禮)에 뛰어나다', '박식한 학문과 밝은 예법을 지녔다', '기절이 출중하다'고 천거했고, 택당(澤堂) 이문정공(李文靖公 이식), 우암(尤庵) 송시열 선생, 노봉(老峯) 민문충공(閔文忠公 민정중), 문곡(文谷) 김문충공(金文忠公 김수항), 송파(松坡) 성사헌(成司憲 성지행)이 '거대한 집이요 정교한 먹줄이다', '사림의 근본이다', '세덕(世德)의 연원이다', '산림(山林)으로 경세제민할 만하다', '숭정(崇禎)의 처사이다'라고 칭송했다. 지재(趾齋 민진후)는 그의 〈행장〉에서 '백세의 법전이요 저울대'라 하였으니 이는 모두 정론이다. 어찌 감히 군더더기 말을 덧붙이겠는가.

나의 관점으로 말하면, 명이(明夷)[1]의 끝은 군자가 물러나면 세도가 혼란하니 기사년(1689)의 삭훈(削勳)이 이를 말하고, 진뢰(震雷)[2]의 처음은 군자가 나아가면 세도가 다스려지

---

1) 명이(明夷) : 현인이 암군(暗君)을 만나 화를 당하는 상(象).
2) 진뢰(震雷) : ≪주역≫의 복괘(復卦)는 다섯 개의 음효(陰爻)의 아래에

니 갑술년(1694)의 복훈(復勳)이 이를 말한다. 그렇다면 선생의 있고 없음과 드러나고 감춰짐은 세도에 크게 관계되니, 선생의 뒤에 태어나 선생을 흠모하는 사람은 누군들 '세도(世道)의 진실한 거울'이라고 말하지 않겠는가. 삼가 선생을 위해 다음처럼 명(銘)을 붙인다.

아, 아름답도다! 선생은 猗歟先生
남녘의 뿌리요 밑둥이라네 南服根柢
부모와 스승에게 받은 바는 父師所受
학문과 절의 뿐이었네 學問節義
인사를 배워 도리로 나아가니 下學上達
여러 번 천거에 올랐다네 累升薦聞
예법 이간질한 자를 통척하여 痛斥貳禮
강과 바다로 귀양 보냈네 江海流竄
임금 곁에서 뜻을 들춰내어 對揚臣隣
고요와 기의 모범으로 대답하네 皐夔謨範
아름답도다! 임금의 말씀 旨哉王言
군자 같은 맑은 바람이라네 君子淸風
하사한 일엽춘 글씨 一葉自春
어필이 휘황찬란하네 御筆煌煌
맹부에서 기념한 공적은 盟府紀績

서 양효(陽爻)가 우레를 치며 밀고 올라오는 형상이다. 음기(陰氣)를 몰아내고 양기(陽氣)가 순환하는 시초.

세상에 다시 없는 광영이라네	不世光榮
매계동의 가을 달이	梅溪秋月
고향 산천을 비추네	照入鄕山
회양이 박절한 게 아니고	淮陽非薄
간의함에 무슨 벼슬이리	諫議何官
나가든 물러나든 같은 근심	進退同憂
외로운 별이 북극성을 감싸네	孤星拱北
한 폭의 남긴 말은	一幅遺辭
백세에 자랑스런 모범이라	百世矜式
우뚝한 저 검월등	節彼劍阿
산은 높고 물은 맑네	山高水淸
높다란 이 묘비석	嵬然此石
금과 옥처럼 문채를 이루리	金玉成章

《송촌집》 발문

발문 1

송촌(松村) 선생의 유고(遺稿) 3권은 선생의 증손자인 지암(止庵) 창협(昌穒)이 편집한 것인데, 간행하여 배포하지 못하고 상자 속에 보관되다가 자손들이 몰락하니 불에 소실되고 물에 떠내려가 전해진 것이 없었다. 8대손 규호(圭灝)가 이를 한탄하고 분개하여 여러 해 동안 각 가문의 고지(古紙) 더미 속에서 끌어 모아 〈연보(年譜)〉 초본과 소장(疏章) 및 시문(詩文) 약간 편을 얻으니, 비록 편언척구(片言隻句)이지만 이를 마치 잘게 부서진 금과 옥처럼 여겼다. 이어 "오늘날 하늘이 무너지고 혼란이 극심하여 피비린내 나는 근심이 곧 닥쳐올 것이니, 반드시 모두 구하여 구본(舊本)을 회복하고 싶지만 이것마저 잃을까 두렵다." 하고 마침내 하나의 소책자로 엮어 여러 권을 베껴서 가정에 보관해 두었으나 또 미처 간행하지 못하고 갑자기 세상을 떠버렸으니 참으로 애석하다.

이제 그의 둘째 아들 종은(鍾殷)이 나에게 그 책을 보내면서 "원컨대 세밀하게 교정하여 좋은 책으로 만들어 주십시오."라고 하니, 나는 두어 차례 살펴보고 누차 종이를 바꾸어 썼다. 마침 ≪송서습유(宋書拾遺)≫를 중간할 때여서 송재직(宋在直) 군이 그의 주창손(主鬯孫) 송영달(宋永達)과 누추한 내 집에 찾아와 주어 또한 서로 논의한 부분이 많아 다행스러웠다.

생각건대 선생의 도학(道學)과 경술(經術)은 넉넉히 나라의 빛이 될 만했고, 사특함과 올바름, 선행과 악행의 분변, 중화를 존중하고 오랑캐를 물리친 엄정함은 족히 천지에 빛나고 일월처럼 밝았으나, 세상에 크게 시행하여 온몸으로 펼쳐 보일 수 없었으니 매우 한탄스럽다. 그렇긴 하지만 흑수(黑水)[1]의 미친 풍랑을 선생이 아니었다면 누가 그 하늘을 뒤덮는 형세를 막을 수 있으며, 남해(南海)[2]의 요사스런 재앙을 선생이 아니었다면 누가 그 흉괴(凶怪)를 꺾고 허적(許積)과 허견(許堅)의 죄를 물을 수 있었겠는가? 오늘날 그 전후의 소장을 읽어보면 선왕(先王)의 은혜로운 비답을 알 수 있다. 또한 사우(師友) 간에 수수(授受)한 올바름과 진퇴(進退)와 출처

1) 흑수(黑水) : 예송(禮訟) 문제로 우암(尤庵) 송시열(宋時烈)과 논란을 벌이다가 사문난적(斯文亂賊)으로 배척된 백호(白湖) 윤휴(尹鑴)를 가리킨다. 윤휴가 여주(驪州) 여강(驪江)에서 살았으므로 그를 배척해서 일컫는 말. 즉, 여(驪)는 검다[黑]는 뜻이 있으므로 흑(黑)으로 바꾸어 소인(小人)임을 암시한 것이고 강(江)은 물[水]이므로 이를 합하여 흑수라 한 것이다.

2) 남해(南海) : 역시 복제(服制) 문제로 노론(老論)과 갈등을 빚은 고산(孤山) 윤선도(尹善道)를 가리킨다.

(出處)의 마땅함에 대해서도 문강공(文康公)의 유규(遺規)를 삼가 지켜서 법도와 규칙을 어기지 않았으니 아름답고도 훌륭하다.

아, 도(道)를 가슴에 품고도 시험해 보지 못한 사람이 예로부터 얼마나 많던가. 공자와 맹자 이래로 모두 그렇지 않은 자가 없었으니, 선생의 한스러움을 또한 어떻게 이해해야 하는가. 마땅히 작시(爵諡)를 내리는 은전과 원우(院宇)에서 드리는 제향이 있어야 할 것인데도 지금까지 아무 것도 없으니, 세도(世道)가 험악하고 공론이 행해지지 않기 때문이다. 이 점이 바로 후대 사람이 한스럽게 여기지 않을 수 없는 이유이다.

전몽협흡(旃蒙協洽)[1] 복월(復月)[2]에 족후손(族後孫) 규용(圭容)이 삼가 쓰다.

---

1) 전몽협흡(旃蒙協洽) : 고갑자(古甲子)로 전몽은 을(乙)이요 협흡은 미(未)이니 을미년(1955)을 가리킨다.
2) 복월(復月) : 양이 돌아오는 달이니 음력 11월을 가리킨다. 양복(陽復), 창월(暢月), 지월(至月), 고월(辜月), 가월(葭月)이라고 부른다.

발문 2

아, 우리 송촌 선생 부군(府君)의 문집 구본(舊本) 3권은 지암공(止庵公 창협(昌蕨))이 편찬한 것인데, 널리 간행하지 못하고 천태(天台)에서 불에 타기도 하고 무주(茂朱)에서 물에 떠내려가는 액운을 누차 겪으면서 산일되어 전해지지 못했다. 선고(先考) 만회공(晩悔公)이 이를 근심하여 몸소 부군의 외가와 사우(師友)들의 고가(古家)에 탐문하고, 또 일가 중에서 학문이 높고 지식이 많은 사람을 시켜 조야(朝野)에 전해진 내용을 찾아서 적어오게 하는 등 온 힘과 정성을 쏟기를 종신토록 그만두지 않아 약간 편을 수집하였다. 그러나 문집을 완성하지 못한 채 갑자기 세상을 뜨면서 불초한 나에게 하명하니 아, 애통하다. 계술(繼述)하는 정성을 감히 어떻게 받든단 말인가.

조용히 생각해 보니 부군의 학문과 충의, 진퇴와 사수(辭受), 오고간 소차(疏箚), 덕행과 문사(文辭)는 당세에 드러났지만, 글을 잃어버린 뒤로는 다시 볼 수 없고 불초(不肖)도 또한 널리 탐문하여 채록할 수 없으니, 유문(遺文)을 거두어 모은 정본(訂本)도 아마 만의 하나에 불과할 뿐이리라. 반드시 모두 모아서 완성본을 만들고 싶었지만 천고(千古)의 상란(喪亂)이 오늘날에만 있는 것이 아닌지라, 비록 한마디 말과 하나의 행동이라도 오히려 오래되면 더욱 잃을까 걱정하여 이에 아우 규열(圭烈), 종제 규학(圭鶴)과 함께 바삐 편차하여 〈연보〉와 〈부록〉을 합쳤다. 교정하고 서문을 받는 일은 세도(世道)가 험악하여 연원(淵源)의 거필(巨筆)에게 받을 겨를이 없으니 이는 부득이한 것이다. 군자의 인품을 갖춘 이가 이 책을 보거든 용서해 달라.

아, 세상의 기린과 봉황은 한 개의 퇴화된 뿔과 한 개의 털갈이한 털로는 그 전체를 알기 어렵지만, 졸졸 흐르는 물과 잔잔한 파도는 큰 연못과 바다를 이룰 수 있으니, 구본이 공벽(孔壁)[1]에서 나와 완전한 책을 이루어 후세에 온전히 전해질 수 있을는지. 이는 내가 저승에서도 간절히 바라는 바이다.

숭정(崇禎) 5갑자(五甲子, 1924) 복월(復月) 초하루 아침에 8세손 규호(圭灝)가 삼가 발문을 쓰다.

1) 공벽(孔壁) : 공자 구택(舊宅)의 벽에서 ≪고문상서(古文尙書)≫ 등 많은 책이 나왔다.

#《송촌집》 증보(增補)

《송촌집》 증보(增補)

≪왕조실록≫에서 뽑다
[王朝實錄抄]

전라도 유생 안음(安崟) 등이 소장을 올려 예법을 논하면서 송시열의 논의를 주워 모아 유세철(柳世哲)[1]의 상소를 공격 배척하였다. 그리고 유세철에게 죄를 주어 백성의 마음을 시원하게 하고 왕법(王法)의 엄정함을 보일 것을 청하였다. 주상께서 관대하게 답하였다. 현종실록 권12, 7년(1666) 5월

全羅道儒生安崟等上疏論禮掇拾時烈之論攻斥世哲之疏而請罪世哲以快國人之心以示王法之嚴　上優答

---

1) 유세철(柳世哲) : 1627-1681. 본관은 풍산(豐山). 자는 자우(子愚), 호는 회당(悔堂). 겸암(謙菴) 유운룡(柳雲龍)의 증손, 졸재(拙齋) 유원지(柳元之)의 문인으로 효종 조에 진사가 되었다. 현종 7년(1666)에 영남 유생의 소수(疏首)가 되어 기해방례(己亥邦禮)를 논하였다. ≪소응일기(疏應日記)≫와 문집(文集) 2책이 있다.

≪승정원일기≫에서 뽑다 [承政院日記抄]

○ 전라도 생원 안음(安崟) 등 470명이 상소했다. 유세철(柳世哲) 등의 흉악하고 간사한 정상을 과감히 진술하고 악행을 징벌할 법전을 시행하여 인심을 바로잡아 주길 청한 내용이었다. 계장(啓狀)을 주상께 올렸다. 현종 7년(1666) 5월 12일

全羅道生員安崟等四百七十人上疏大概敢陳柳世哲等兇邪之狀請施懲惡之典以正人心事　入啓

○ 전라도 생원 안음(安崟) 등 470명의 상소에 대해 비답하기를, "상소를 보고 상세히 알았노라. 이미 내 뜻을 관학(館學)에 내린 비답에 밝혔으니, 번거롭게 말하지 말고 물러가 학업을 닦도록 하라." 하였다. 현종 7년(1666) 5월 16일

答全羅道生員安崟四百七十人等疏曰省疏具悉已諭予意于館學之批矣須勿爲煩退修學業

≪여지도서≫에서 뽑다
[輿地圖書抄]

안음(安崟)은 우산(牛山) 방준(邦俊)의 손자로 사마시에 합격하였다. 문정공 송시열이 모함을 당할 때에 상소하여 유현을 모함한 윤선도의 죄상을 낱낱이 진달했다가 도리어 당시 집정자들에게 크게 미움을 받아 시골에서 묻혀 지냈다. 경신년(1680, 숙종 6)에 좌랑(佐郎)으로 공신 1등에 기록되었다. 사람됨이 강직하고 문장에 능하여 세상에 추앙을 받았다. 전라도 보성군 인물 편

安崟牛山邦俊之後中司馬文正公宋時烈被誣之時上疏歷陳尹善道搆陷儒賢之罪大被時宰所忤坎坷鄉曲庚申以佐郎參功臣一等爲人剛直能文章爲世所推

≪보성읍지≫에서 뽑다 [寶城邑誌抄]

안음(安崟)은 전(峑)의 아우인데 사람됨이 강직하고 문장에 능하여 세상에 추앙을 받았다. 사마시에 합격하고 문정공 송시열이 모함을 당할 때에 상소하여 유현을 모함한 윤선도의 죄상을 낱낱이 진달했다가 도리어 당시 집정자들에게 크게 미움을 받아 시골에서 묻혀 지냈다. 경신년(1680, 숙종 6)에 좌랑(佐郎)으로 공신 1등에 기록되었다.

安崟峑之弟爲人剛直能文章爲世所推中司馬文正公宋時烈被誣時上疏歷陳尹善道構陷儒賢之罪大被時宰所忤坎坷鄕曲庚申以佐郎參功臣一等

안경인 전과 안경진 음에게 보낸 편지
[與安景仁峑景鎮崟] 을미년(1655) 봄

작년 가을에 경진(景鎮 안음의 자)이 이곳을 지나면서 돌아가신 은봉 선생의 명을 받아 ≪매환문답(買還問答)≫[1] 한 책을 보여 주고, 또 그 글 속에서 다시 조사하여 밝힐 부분이 있으면 주저하지 말고 논란을 벌여 보라고 하기에, 공손히 받아 읽어보니 저절로 가슴이 툭 트인 듯한 느낌을 받았습니다. 가만히 살펴보니, ≪문답≫의 본지는 실로 우계(牛溪 성혼)의 마음의 자취를 밝힌 것이었습니다. 이는 한 세상의 정해지지 못한 시비(是非)를 결정해줄 뿐만 아니라, 장차 백세(百世)가 지나도 고증하는 데 믿을 만한 자료가 될 것입니다. 반드시 널리 고증하고 자세히 탐문하며 사실에 근거하고 밝게 변론하여 확신을 가지고 조그만 틈도 보이지 않은 연후에 현재나 후세에 제시하여도 의혹이 없을 것입니다. 돌아가신 선생께서 저를 비루하게 여기지 않고 애써 물어주시고 이끌어 주신 것은 대개 신중한 뜻에서 나온 것이지만, 저의 고루하고 보잘 것 없는 식견을 되돌아볼 때 어찌 경솔하게 그 뜻의 행간을 엿보아 헤아릴 수 있겠습니까.

1) ≪매환문답(買還問答)≫ : 이 글은 은봉 안방준이 81세에 지은 것이다. 처음에는 우계와 율곡이 무고를 당한 많은 이유와 선릉(성종의 릉)과 정릉(중종의 릉)을 봉심(奉審)한 전말을 말하고, 중간에서는 화사(和事)의 주청을 말하였으며, 끝에서는 편당(偏黨)의 재앙을 말하였다. 매환(買還)은 당(堂)의 이름이다.

조용히 생각해 보면, 돌아가신 선생께서 저술한 ≪혼정편록(混定編錄)≫이나 〈우산답문(牛山答問)〉 같은 글은 이미 타인의 이목에 전파되어 읽히고 있습니다. 유독 이 ≪매환문답≫ 한 책은 돌아가신 선생께서 말년에 기록한 것으로, 스승을 높여 도를 지키고 사특함을 억누르고 올바름을 붙잡는 글이니 더할 수 없이 큰 업적입니다. 한 마디 말, 반 구절의 글이라도 실상을 잃거나 잘못 전해짐을 면치 못한다면, 전편(全篇)의 큰 뜻을 곁에서 본 자들이 의심하고 견책할지도 모릅니다. 이에 감히 외람되다는 혐의를 피하지 않고 삼가 원편(原篇)에 근거하여 한두 군데 의심나는 곳을 간략히 뽑아내 별지(別紙)에다 조목조목 나열하여 선생께 질문하고 싶었건만, 미쳐 글월을 올리지도 못하고 먼저 부음을 전해 들으니 외로운 이 마음은 평생 동안 아프고 한스러울 뿐입니다.

또 조용히 생각해 보니, 돌아가신 선생께서 논의를 세워 후인에게 제시해 줌이 이처럼 성실하고 널리 묻기를 좋아함이 이처럼 성근하여 이미 저에게도 물어주셨으니, 약간의 의문점을 알고 있으면서도 끝내 한마디 말로 선생의 뜻에 보답해드리지 못한다면, 참으로 사문(斯文)의 책임을 면치 못할 것입니다. 이에 전에 써 놓은 별지를 찾아다가 다시 정서(淨書)하여 드리니, 아마도 말씀해주신 성심(誠心)에 보답하고 이전의 허물을 조금이나마 보충하는 셈이 되겠지요. 혹여 첨현(僉賢)께서 선생의 묘소에 설명하고 품달하여 취사선택한 것으로 회답해 주신다면, 이는 저만의 사사로운 행운이 아닐 것입니다.

또 살펴보건대, ≪문답≫ 가운데 경인년(1590)의 건저(建儲)[1]와 계사년(1593)의 봉심(奉審)과 갑오년(1594)의 주본(奏本) 등 여러 사항은 모두 이미 밝혀져 더 이상 남아 있는 것이 없습니다. 홀로 생각해보니, 임진년(1592)에 국난에 부응하지 못한 한 가지는 실로 흠을 잡아 비방하는 큰 사항이요 또한 출처의 큰 실마리인데, 한마디도 이를 언급하지 않은 것은 무엇 때문입니까? 경진(景鎭)이 일찍이 말하기를, 돌아가신 선생께서는 석실(石室)[2]이 지은 비문을 개정한 한 항목 ―곧 우계(牛溪)가 부응하지 않기로 평소에 정했던 의리― 을 우계(牛溪)의 본지로 삼았다고 했습니다. 돌아가신 선생은 문인의 친밀한 입장에서 스스로 본지를 알고 있으니, 마땅히 이 뜻을 ≪문답≫ 속에 표현하여 당세의 분분한 이견을 확정해야 합니다. 작년 가을에 글월을 올리면서 대략 저의 뜻을 아뢰었고, 이어 〈석실왕복서(石室往復書)〉 한 통을 올려 가르침을 구했는데, 돌아가신 선생께서 건강하셨을 때 이를 보고 뭐라 말씀하셨는지 모르겠군요. 바라건대 부디 상세하게 알려주시면 무척 다행이겠습니다. 윤선거(尹宣擧) ≪노서유고(魯西遺稿)≫에 나옴.

---

1) 건저(建儲) : 선조 때 세자(世子)를 세우던 일.
2) 석실(石室) : 청음(淸陰) 김상헌(金尙憲)의 또 다른 호.

前秋景鎭之過也以先先生命投示買還答問一册且許其中有可反覆處不厭論難云跪受拜讀不覺洒然竊覸答問本指實爲發明牛溪心迹則不但定一世不定之是非且將使百世之下有所考信必也博考審問據實明卞確然無有一毫罅隙然後可以示當今垂後世而不惑矣先先生所以不謂卑鄙俯辱詢誘者蓋出於愼重之意也而顧我固陋寡謏何敢遽然窺測於其間哉然竊妄念先先生所述混定編錄牛山問答等篇旣已播諸耳目而傳誦之矣獨此買還一册乃是先先生末年所記而尊師衛道抑　邪扶正莫大之盛業也一言半辭未免失實傳訛則全篇大意或者爲旁觀者所疑責也茲敢不避僭妄之嫌謹就原篇中略標一二疑信之端別紙條列將欲仰質於函丈之下矣未及拜書先傳凶問孤負此心痛恨平生而已又竊自念先先生立言示後如此之誠矣周咨好問如此之勤矣旣蒙辱詢粗知疑問而終無一言以仰塞先生之意則實無以自逭於斯文之責矣乃取所具別紙繕寫呈進庶幾追報寄示之誠心而補前愆之萬一倘或僉賢詮稟巖廬有所取舍回而敎之則此非獨宣擧之私幸也且覸問答中如庚寅建儲癸巳奉審甲午奏本諸事則皆已發明無復餘蘊矣獨念壬辰不赴難一節實爲疵謗之大者亦是出處之大端而未有一言及此何也景鎭曾言先先生以石室所撰碑文改定一款　卽牛溪素定不赴之義爲牛溪本指云先先生親以門人自知本指則不可不以此義表見於問答中以定當世之紛紜也前秋拜書略陳鄙意仍以石室往復書一通仰塵求敎未知先先生無恙時見此以爲如何也望須一一示及幸甚

좌랑 안음에게 보낸 답장
[答安佐郞崟]

가을에 안부 편지를 보내주셨는데 오래도록 답장을 보내지 못해 늘 몹시 부끄러웠습니다. 요사이 당신의 아드님이 찾아와 주어 더욱 감사한 마음이 들었으나 바빠서 답장하지 못하니 한층 그리운 마음만 절절합니다. 이어 당신의 마음이 담긴 편지를 읽고 또 보내주신 생선을 받고 보니 옛 벗의 따뜻한 정이 비할 데가 없습니다. 섣달 추위에 건강이 좋다고 하시니 참으로 위로가 됩니다. 늘 형과 더불어 죽기 전에 한 번 만나서 회포를 풀고 싶지만, 가족이 죽어나가고 질병이 도져 슬픔과 고통을 씻을 길이 없고, 또 흉년을 만나 조석간에 주검이 골짜기를 메울 지경이어서 하루 아침에 갑자기 죽어 끝내 천고의 한이 되지나 않을까 매우 걱정이 됩니다.

20일 이후에 관가(官家)에서 축수(祝壽)의 잔을 들려 한다고 들은 듯한데, 아득한 타향의 경사스런 자리에 친구들이 드물 것이니 바라건대 두 형이 참석해주면 참으로 정이 얕지 않을 것입니다. 병든 몸을 이끌고 한 번 찾아와 모일 수 없을까요? 그럴 수 없다면 봄이 돌아오기를 학수고대하여 쌍봉사(雙峰寺)와 죽원사(竹院寺 보성 대원사) 사이에서 모이기로 작정하는 것도 하나의 소망입니다. 몇 달 사이에 인간사를 기약하기 어렵지만 감히 서로 촉구할 뿐입니다. 더구나 우리 찬영(粲令) 형과 경앙(景仰) 형제가 잇달아 세상을 떴는데도 아직까지 한 번도 조문을 하지 못해 서글픈 마음만 더할 뿐입니다. 당신의 큰형에게 바빠서 따로 안부를 묻지 못합니다. 아울러 살펴주십시오. 서봉령(徐鳳翎) ≪매학선생유고(梅壑先生遺稿)≫에 나옴.

秋日翰問闕然久未報常切愧負頃蒙庭玉見訪尤增感荷而忙失修謝益切馳遡續承心札且蒙饋魚故人情味果誰似也從審窮寒調護保重良慰良慰每欲與兄未死前一番披展而喪威疾病悲苦莫開而且遭此窮凶將朝夕塡壑深恐一朝溘然便終成千古之恨也似聞念後官家欲擧壽觴云天涯慶席親舊間闊想望兩兄之惠然正不淺也未可力疾一來會耶未果則苦俟春廻圖會于峰寺竹院之間亦一望也而數月之間人事難期敢相催促耳況我粲令兄景仰兄弟相繼論逝而尚阻一相弔只增悼怛也已伯兄前忙闕各候恭惟竝鑑

송화현감 안전과 운봉현감 안음에게 보낸 답장 [答安松禾㚇雲峰㚇]

여름에 병영(兵營)을 통해 먼 곳에서 보내주신 안부 편지를 지금도 펼쳐놓고 읽고 있습니다. 그러나 가족이 죽어나가고 질병의 걱정 때문에 슬픔과 고통을 떨칠 길이 없어 오래도록 답장을 보내지 못해 매우 부끄러웠습니다. 이제 가을도 저물어 가는데 형들의 객지생활은 어떻습니까? 그리운 마음이 곱절이나 절절합니다. 이곳에서 죽수사(竹樹祠)[1] 사액을 청하는 일로 여장을 꾸려 서울로 들어갈 것이니, 형들이 판서나 정승들을 두루 만나 반드시 사문(斯文)의 소망을 이뤄주시리라 믿습니다. 간절히 바랍니다. 여러 가지 얘기는 호경(灝卿)[2] 등 여러 벗들이 입으로 다 말씀드릴 것이니 여기에서 세세히 말하지 않겠습니다. 일행들이 떠나려 하니 빠뜨린 말이 많습니다. 서봉령(徐鳳翎) ≪매학선생유고(梅壑先生遺稿)≫에 나옴.

夏月自兵營承拜千里翰問至今披翫而喪威疾憂悲苦莫開闕然久不報愧負多矣卽今秋已暮矣伏惟僉兄旅況何如馳遡倍切此中竹樹祠廟以請額事裹足入洛想僉兄周旋卿宰間必副斯文之望幸甚幸甚萬萬都在灝卿諸友口悉又何縷縷也征驂臨發掛一漏萬

---

1) 죽수사(竹樹祠) : 화순군 능주에 있는 죽수서원(竹樹書院). 이 서원에는 기묘사림(己卯士林)인 조광조(趙光祖)와 양팽손(梁彭孫)이 모셔져 있다.
2) 호경(灝卿) : 양팽손의 후손인 양지항(梁之沆)의 자(字)임.

좌랑 안음에게 보낸 답장
[答安佐郎崟]

고향으로 돌아가 숨어 지내느라 안부를 들을 길이 없었는데 갑자기 인편을 통해 보내주신 편지를 받았습니다. 여름과 가을 사이에 객지생활이 복되다고 하니 반갑고 위로되는 마음을 뭐라 형언할 수 없습니다. 저는 서병(暑病)[1]으로 한창 고생 중인데 또 소명(召命)을 받게 되었습니다. 진퇴가 기대에 어긋나 딱하게 된 꼴이 갈수록 더욱 심해지니 말해 뭐하겠습니까.

우산(牛山) 선생의 묘표(墓表) 문자는 수정할 부분에 표를 붙인 곳이 많지 않으니 곧장 고쳐서 보내드려야 하는데, 마침 눈병이 더해 점검할 겨를이 없습니다. 차도가 있길 기다렸다가 보내드리겠습니다. 이만 줄입니다. 이런 사정을 헤아려주십시오. 삼가 답장 올립니다. 임술년(1682) 8월 초하루에 박세채(朴世采) 드림.

東歸蟄伏靡計相聞忽承耑書憑審秋丙中旅次起居珍福區區傾慰曷任言喩采暑病方苦又叨召命進退狼狽愈往愈甚言之奈何先表文字付標處不多卽欲修改以呈而適添眼痛未暇點檢當俟近間仰遂也萬萬姑不宣伏惟尊下照謹上謝狀壬戌八月初吉朴世采拜

1) 서병(暑病) : 여름에 날씨가 몹시 더워서 생기는 병. 고열로 목이 마르고 땀이 많이 나며 거품 섞인 대변을 본다.

아우 음에게 보낸 편지
[與舍弟崟]

소식을 듣지 못한 지 어언 석 달이 지나니 그리운 마음이 날마다 절절하지 않음이 없네. 오늘 자부(子婦)의 편지를 보고 자네의 병이 매우 깊어 기력이 쇠잔해 뼈가 앙상하다는 것을 상세히 알았다네. 무슨 병 때문에 이 지경에 이르렀는지 모르겠네. 전에 복통과 두통을 앓았었는데 이 병이 낫지 않아서 그러한 것인가? 우리 4형제 중에 이미 두 명을 잃었건만 자네가 또 병을 앓고 있으니 염려스러움을 참으로 견디기 어렵네. 게다가 여식(女息)의 병도 매우 위중하다고 하니 내려가서 죽기 전에 보고 싶은 생각이 드네. 하지만 벼슬에 종사한 지 이제 절반이 되어 가는데 지금 버리고 떠난다면, 이는 이른바 아홉 길 산을 만들 적에 한 삼태기의 흙이 부족하여 그 공이 허물어지는 것과 같은 격[1)]이네. 이 때문에 우선은 참으면서 훗날의 기별을 기다릴 뿐이네.

자네의 병 조리는 지금 어찌하고 있는가? 천리 밖에서 애만 태울 뿐이네. 부디 잘 조리하고 치료해서 고질병을 면하

---

1) 아홉……격 : ≪서경≫ 〈여오(旅獒)〉에 "자그마한 행동이라도 신중히 하지 않으면 큰 덕에 끝내 누를 끼칠 것이니, 이는 마치 아홉 길 산을 만들 적에 한 삼태기의 흙이 부족하여 그 공이 허물어지는 것과 같다. [不矜細行 終累大德 爲山九仞 功虧一簣]"라는 말이 나오는데, 여기서는 이제 벼슬에 나아간 지 얼마 안 되었는데 집안 일로 떠나게 되면 벼슬의 공을 이룰 수 없다는 비유로 쓰임.

기를 간절히 바라네. 이 형은 별탈은 없으나 서울에 있는 날은 항상 적고 입직(入直)하는 날은 항상 많아서 고향 소식을 들을 길이 없으니 이 또한 고민스런 처지이네. 서울 소식은 별로 전할 만한 것이 없는데 주상께서 안질이 다시 발작하여 돌연 온천행을 결정했다네. 16일에 출발하기로 정했다가 갑작스런 상황에서 여러 가지 준비가 옹색하게 되어 10월 9일로 연기되었는데 이 날 행차할 수 있을지는 기필할 수가 없다고 하네. 이전의 필채(筆債)[1]는 그 값이 4조(條)에 불과하므로 어음으로 처리할 수 없어 자네의 기별을 기다리고 있는데 아직까지 아무런 연락이 없으니, 아마도 편지가 중간에 전달되지 못했거나 왕래하는 인편이 없어서 그럴 것으로 보네. 반드시 훗날 인편을 통해 속사정을 알려주길 바라네.

양우급(梁禹及)은 공주영장(公州營將)에 임명되어 모레에 내려가고, 문상표(文尙彪)는 훈련원 초관(訓鍊院哨官)에 임명되어 또한 어가를 따라 간다고 하네. 박정영(朴挺榮)이 조언(助言)한 죄로 멀리 강계(江界) 땅으로 가게 되니 가련함을 금할 수 없네. 이조판서 박장원(朴長遠)은 사직하여 갈리고 김좌명(金佐明)이 그 자리를 맡았으나 김징(金澄)의 탄핵을 받아 동춘(同春 송준길)이 대신 맡았다네. 이조참판은 민정중(閔鼎重), 이조참의는 이익(李翊)이 임명되었네. 장의동(藏義洞)과 파산(坡山 파주) 등 여러 곳은 모두 평안하다네. 배홍중(裵弘重)의 일

1) 필채(筆債) : 아전들이 백성의 민원서류(民願書類)를 필사(筆寫)해주고 삯으로 받던 돈. 대서 수수료와 같음.

기(日記)는 서중거(徐仲擧)가 가지고 갔으나 그 아들이 다급하게 찾고 있으니 찾아 보내주길 바라네. 동래부사는 이지익(李之翼)이 임명되었고 예천군수는 누가 되었는지 아직 듣지 못했으니 나중 인편을 통해 알려주도록 하겠네. 나머지 이만 줄이네. 헤아려주길 바라네. 삼가 편지 보내네. 무신년(1668) 8월 8일에 사형(舍兄) 경인(景仁)[1].

不聞音信已過三箇月此中馳傣無日不切卽見子婦書細悉君所恙頗重澌毁骨立云未知緣何疾而至於斯也前患腹痛頭痛未得痊却而然耶吾兄弟四人已失其二君又患疾其爲驚慮固難堪忍而女息所患亦極危地云思欲下去以見未死前而積仕將半今若棄去則正所謂功虧一簣者也玆以姑停以待後日之報耳卽未知調攝今則如何也千里外徒切煎悶惟冀善爲調治以免痼疾千萬大望兄身則免恙而在京之日常少入直之日常多以此之故鄕信不得聞知此亦可悶處也京奇別無可通之事而自上眼患還作卒作溫泉之行定發於十六庶事蒼黃多有窘急之患別擧退定於十月初九此日之得行亦未可必云矣前來筆債其直不果四條故不得質之以待君報而尙無更通想書有浮沈而便絕往來而然也望須後便示破爲望梁禹及得拜公州營將再明下去文尙彪得拜訓鍊哨官亦作隨駕之行耳朴挺榮以助言之罪遠謫江界不勝可憐吏判朴長遠辭遞金佐明代爲而爲金澄所劾同春爲之耳參判閔鼎重參議李翊爲之矣藏義洞坡山諸處皆得平安矣裵弘重日記徐仲

1) 경인(景仁) : 안음의 맏형인 안전(安峑)의 자(字)임. 음직으로 출사하여 송화현감(松禾縣監)을 지냈다.

擧持去而其子推之甚急推送爲望東萊府使李之翼爲之而醴泉倅則未及聞知當於後便問知以報也餘萬不具只惟照諒謹狀戊申八月初八日舍兄景仁

좌랑 안경진 음을 애도하다
[挽安佐郎景鎭崟] / 서봉령(徐鳳翎)[1]

우계의 맑은 달이 우산을 비추니	牛溪霽月照牛山
도학의 연원이 세상에 이어졌는데	道學淵源絕世攀
귀한 집안 어진 자제들 다 죽으니	玉樹瓊枝零落盡
우리 고을에 선대 미덕이 적막해라	遺徽寂寞我閭闗

1) 서봉령(徐鳳翎) : 1622-1687. 본관은 이천(利川), 자는 경휘(景翬), 호는 매학(梅壑) 외에 용구(龍邱) · 매변옹(梅邊翁) 등이 있다. 나주 남평에서 태어났다. 아버지 서진명(徐晉明)의 명을 받들어 22세 되던 해에 은봉정사로 안방준(安邦俊)을 찾아가 제자의 예를 갖추었는데, 안방준은 흑궤(黑櫃) 두 개, 목연(木硯) 하나, ≪성학집요(聖學輯要)≫ · 〈주자행장(朱子行狀)〉 · ≪석담일기(石潭日記)≫ 등을 주면서 학문에 힘쓸 것을 당부했다. 용강사(龍岡祠)에 배향되었고, ≪매학집≫ 등 다수의 저술을 남겼다.

간행 후기

근래에 학계 또는 각 가문에서 선현 및 선조의 문집을 수집하고 국역함으로써 그분들의 사상과 사적을 높이 들추는 사업이 성행하고 있습니다. 이러한 사업을 통해 항상 순수한 학문을 지향하여 정의로운 행실을 구현하기를 소망했던 우리 선현과 선조들의 위대한 정신을 배울 수 있다는 점에서 무척 바람직한 일이라 생각합니다.

우리 송촌 부군(松村府君, 안음(安崟), 1622-1685)은 은봉(隱峰) 선생의 현손(賢孫)이요, 신독재(愼獨齋)·동춘(同春) 두 선생의 고제(高弟)로, 일찍부터 도학과 절의의 요체를 터득하여 유자(儒者)의 정학(正學)을 꽃피웠을 뿐만 아니라, 호국숭현(護國崇賢)의 대도(大道)를 힘차게 걸어갔던 분입니다. 도학과 절의의 실현에 고투(苦鬪)했던 부군의 정신은 당시에 많은 대현(大賢)들로부터 찬사를 받은 바 있습니다.

그러나 부군의 도학과 절의 정신의 결정체라 할 수 있는 문집은 증손자인 지암공(止庵公, 창협(昌馦))에 의해 유고(遺稿) 3권으로 편집되어 가정에 전해졌으나 불행하게도 수화(水火)로 대부분 잃어버렸습니다. 이를 복원하기 위해 7대손 만회공(晩悔公, 성환(聖煥))이 부군의 외가(外家)와 사우(師友) 등 연원(淵源)이 되는 각 집안을 탐방하여 문헌을 수집하는 각고의 노력을 기울였으나 완성하지 못하였습니다. 그 후 아들 둔사공(遁舍公, 규호(圭灝))이 선친의 유업을 계승하여 필생의 사업으로 심혈을 다 쏟아 1924년에 약간의 저술과 연보·부록을 합쳐 《송촌집(松村集)》의 초고를 탈고하였고, 1953년부터 1955년간에 석학들의 교정 작업을 거쳐 1961년에 비로소 간행하였습니다.

이처럼 부군의 문집은 후손들의 수집하는 노고가 없었다면 거의 인멸(湮滅)되었을 것입니다. 따라서 비록 현존하는 《송촌집》이 부군의 도학과 절의를 온전히 담아내지 못한 일편(一片)의 유문(遺文)이지만, 우리 가문의 가장 고귀한 기록으로서 후손들이 널리 읽고 되새겨 자랑스런 선조의 유덕(遺德)을 기리고 후손으로서의 긍지를 간직하기에 충분하다고 생각합니다. 이에 여러 후손들이 《송촌집》 전체를 국역하여 가문의 보감(寶鑑)으로 삼고자 뜻을 모았습니다. 나아가 학계의 연구 자료에도 일조가 되기를 희망합니다.

끝으로 국역을 맡은 안동교(安東敎) 박사는 《송촌집》 교정을 담당한 회봉(晦峰, 안규용(安圭容)) 선생의 증손자로서, 바쁜 시간 속에서도 상세한 역주와 증보를 붙여주는 수고를 아끼지 않았습니다. 깊은 감사를 보냅니다.

2011년 11월 동지절에,

후손 병훈(秉勳)이 삼가 적다.

松村集序

文康公牛山安先生以道學節義爲世儒宗而有以其孫文行純篤志氣卓犖克紹家業者松村先生諱崟是已先生以麟角鳳嘴之質早承文康先生之誘掖德器成就師事愼齋同春二先生講論經禮多蒙奬詡又從吾先子尤菴先生遊磨礱道義見稱以士林棖柢則古所謂不見其山但見其木者也及其筮仕立　朝則與金文谷閔老峯金光城金青城諸賢聯翩彙征笙鏞至治尤嚴於扶正斥邪當善道之假

托禮論投進凶疏先生上章直陳服期之正而斥其
造意陰險請按律放逐值尤春兩先生之削奪遠竄
疏辨奸凶構誣之狀而言甚剴切忤 旨被黜及爲
先城之啓薦承 召入侍則條陳五典九德之謨八
政五極之範以盡對揚之責逮鑴堅之別設體府潛
圖不軌與光城靑城炳幾協謀奮忠討逆克樹衛
社之勳先生之爲先生於斯益可見而不幸黨論轉
激朝著不靖則揆分度義不欲進取遂浩然賦歸以
送餘年其知所當止急流勇退之節足以廉頑而立

懦矣先生歿後省之章甫誦慕其高風至有贈爵之
請祭社之論則雖不見施於當日可知公議之不泯也
噫今距先生之世垂三百載平日遺文兵於水火存
者無幾先生後孫圭灝氏庸是爲恨收拾斷爛編成
一冊謀付手民未及下手而就世豈不惜哉其次胤
鍾殷欲繼父志更就校于其族叔晦峯公圭容又介
晦峯公胤鍾宣氏請余弁其首余曰先生家學之正
師友之盛爲國之忠拒奸之嚴卷懷之明旣爲當時
諸賢所推許又爲章甫之所公誦可徵百世則遺文

之傳不傳奚足有所損益於先生哉雖然詩云維桑與梓必恭敬止桑梓不過祖先手植之物猶且敬止況其出於咳唾之餘者尤豈可不愛玩而珍藏乎宜其後承之殫誠編摩鋟梓壽傳也顧余人微文拙固不敢當玄晏之役而念先誼之篤厚不忍終辭則謹據朱夫子序人文先序其人之例敢論如此以塞鍾宣氏之固懇云

癸巳端陽節德殷宋在直謹序

松村集總目

卷之一
詩
疏
書
記
祭文
卷之二
附錄

年譜

卷之三

附錄

輓詞

祭文

疏

建祠宇通文

行狀

墓表

墓碣銘

松村集卷之一目錄

詩

王父命吟氷壺秋月應聲輒呼 九歲作

牛山精舍詠孤松八梅 十歲作

王父初度晬辰

坡山除夜

聞南漢解圍號天痛哭

會講于愼獨齋門下

竹院寺贈別諸僧

坡塾與同門諸友共話

過魯城登尼丘山

北堂初度晬辰

坡山梅邊堂

次呈季舅梅邊堂 稷 望菴韻

同春先生輓

外弟梁參奉 禹成 輓二

次文汝華 希舜 太古亭韻

外弟梁兵使禹及輓
又 代伯氏部窩公作
坡山感舊
華陽洞奉審 毅宗皇帝御筆痛哭感吟
氷壺亭夢吟

疏

請尹善道按律疏
請尹善道加律疏
陳辨疏

陳情疏

陳辨同春先生疏

書

上王父

上伯氏邵[illegible]公

上從兄晦靜窩

上同春先生

上尤庵先生 二

與閔大受 鼎重

答洪子晦 處亮

與金久之 壽恒

答金永叔 萬基

答吳貫之道一

與李養叔 頤命

記

遇溪記

祭文

祭愼齋先生文

祭同春先生文

同春先生墓告由文

祭市南俞先生棨文

祭元舅僉正成公櫟文

祭美村尹公宣擧文

祭石湖尹公文擧文

祭宋正郎光栻文

松村集卷一

詩

王父命吟冰壺秋月應聲輒呼 九歲作

秋月氷壺潔冰壺秋月凉

牛山精舍詠孫松八梅 十歲作

溪傍精舍屹壇下石臺斜孫節亭亭立八梅樹樹春

王父初度晬辰

瑞旭上高堂奉觴又進觴老人星在後世世願增光

坡山除夜

夜分情話襯篇客不須賓此是蘭湯地悠然感愴新

聞南漢解圍號天痛哭

日星不照天留壁莫問天營史尊周義忍何共戴天

會講于愼獨齋門下

滿堂和氣中言志不相圍點瑟必誰先會前川可浴風

竹院寺贈別諸僧

俗客入山深遷天樹木陰怪巖依佛像歌鳥和經音

知機忘世慮修道覺天心寄語諸僧別茶三勝會金

埃壁與吳西坡道一趙遁齋持謙共話

夫子宮墻屹顔曾在後前同門三世讓聯一春淵泉

缺

過魯城登尼丘山

地分遼夏名相埒彷彿形精萬古春

北堂初度晬辰

親年六十孝子親萬曆庚寅又此辰願上瑤桃壽千歲難將寸草報三春

坡山梅邊堂

松下溪邊一樹梅恬靜非爲俗士家雪裏常從春意早肯隨桃李向繁華

次呈季舅梅邊堂稷望耄韻

老人星照望耄遐鶴髮童顏怳若仙環巓世間無此
樂明時天爵又今年

同春先生輓

傳受石潭道統眞士林宗主國師賓料將正服期年
制歸謁寧陵也懇陳

外弟梁參奉禹成輓

子淵曾未躋仁壽伯道終無繼後兒夫以廣明天地
大吾從遺憾此何其

早學遷喬逈出羣塵中一宦視浮雲傳家自有螟蛉誨瑤瑟西牕日亦曛

次文汝華 希舜 太古亭韻

太古亭成太古顔天皇咫尺好江山磯頭俯仰乾坤大欄上逍遙日月閒臨水觀魚明鏡裏倚松閑鶴白雲間至今尚得光輝待餘事功名豈所關

外弟梁兵使 禹及 輓

痛哭秦京道淒凉一片旌江干延佇立極目摠悲情

文 代伯氏邵齋公作

婣睦歡情老更深幾多湖海兩相尋投簪允合終辭義治碣不圖永慕心千里東華因結社十年寒月共論矜存亾此日增悽怛獨立風前淚不禁

坡山感舊

靈泉不捨流老栢幾經秋到此履霜露倍添雙淚垂

華陽洞奉審 毅宗皇帝御筆痛哭感吟

詞臣血淚雨沾衣 御筆煌煌日月輝再造 皇恩無地報黃河那得洗兵歸

氷壺亭夢吟

宦海風潮閱幾年歸來平地作神僊小舟移泊滄溟
月除是人間別有天

疏

請善道按律疏

伏以皇天不吊 聖考棄世臣民靡怙幸賴 孝慈
神聖克協重華中外翕然方仰三代之至治矣不意
今者邪說暴行凶疏拔進以服制一款 親咨于備
局伏想於 聖心不無疑義也臣雖至愚粗識禮意
豈以蒼黃顚倒敢不明白陳辨于 天聽之下乎竊

惟 慈懿殿受服之制自歷代帝王家鮮有經行而
我 仁祖大王在世時既定乙酉服三年之制則恐
又不可服三年故掌禮臣互相戒懼謹愼以爲古禮
莫憑且以爲服無貳禮因以國制及大明律獻議定
服期年盖聖人從周之義也曷嘗以非禮之禮加之
於至尊之地而有貳於體天之一統乎所謂尹善道
素以潑巧黨於尹鑴俱是江海棄物蓄冤含毒久矣
當此機會善道之疏假托禮議做出絕宗貳統之凶
論此豈人臣所忍爲所忍言者乎嗚呼國家宗統如

天之有日昭揭長存非在下者所敢容議而移動尊
卑之者也若有一毫干犯於其間則逆臣也此理甚
明豈善道輩獨能知之餘人畢莫能知自陷於逆臣
之誅乎夫聖人之制禮服術精微各有條理父母之
於長子所以爲三年者蓋四世嫡長子乃爲之三年
次適承重者亦與長子無異然其兄非殤年早歿有
故廢絶者則更無異服之理自餘雖承重而不得三
年者其說亦多若必待嫡嫡相承父母之於子必服
三年然後其統乃傳則古今天下國家之統不絶者

幾希矣 皇明之成祖西漢之文帝或以次嫡或以支庶纘承大統傳祚永久使成祖漢文之崩年在於高皇漢祖之前而高皇漢祖服之止期則漢明之統遂絶而不得爲漢明耶帝王之制代有沿革至於皇明及我 朝初無爲長子三年之服而未聞國統因此而疑於斷絶也 明廟之喪議定 恭懿殿之所服而先正臣李滉疑用嫂叔之例奇大升推出三年繼統之義而李滉曰豈有不止於期之理乎恭懿殿之服終止於朞而大升亦無異議者雖推出三年

之義而求諸服術參以四種之說則亦不得不止於是耳今善道反引大升之說以爲援據其亦未之思也其所論禮只見立庶子爲後之文而擺却適第二嫡子爲庶子之義斷以立庶爲後之庶歸之於妾庶之稱庶以此執端欲以感怒 一天聽恐胥一世其實不在論禮而陰險凶慘旣形于文辭則不可與議禮諸臣併立于覆載之間也伏願 聖明亟下正律嚴治抗禮之奸罪使中外咸服之地 國家幸甚惶恐無任號天祈懇之至

批曰省悉甚庸嘉尚善道之妄發當依施律竄善道于三水

請善道加律疏

伏以日月迅邁歲序又換 再期奄過臣民如新之痛益復如何惟我 殿下嗣服邇來孝治之思宵旰不弛無有好惡逸樂一遵先王之道而首闢賢路申擇諫院其求言尚德之效將有以膺福召和之漸矣不意玆者旱魃肆酷連月不雨生靈號哭何仁愛之天疾威乃爾耶此莫非江海妖孽熾盛邪說暴行上而欺君下而惑世肆然有勝天之氣焰天必震怒而

降此咎徵也里諺曰弭灾莫如斥邪伏願 聖明試黙察焉在謫尹善道去年以貳宗絶統之凶論抗禮構誣靡有其極然而天地神明之下莫能逃罪則宜乎恐懼自反而今又怙縱一襲鑴言使其黨趙絅輩投陳枉救而攻斥宋浚吉宋時烈其射影之毒又及於金壽興俞棨與臣鍌其辭曰丁壬崩卒又曰禮與輕寧重吁亦慘矣崩卒二字書法當如是故有太次子之別抑有三年之文乎輕重二字尤不近理先王禮制之限嚴於斧鉞重於泰山不可有尺寸違越則

以彼以此援引不明遁辭所窮不知自陷於亂賊而
今年甚於去年一層加於十層又不知前頭復有何
等人做出何等邪說致使洚滔懷襄三千里封疆淪
於江海之濱此臣所以憂愛憤迫冒死敢陳者也
缺 大抵天地晦冥則百怪競出太陽正中則萬祥畢
臻伏想旋恐 殿下之聰明未達賞罰不中而有以
致此也昔周成漢昭冲主也而洞察管蔡之流言桀
等之詐書皆爲誅死以 殿下之神聖有堯舜之明
四達四而何不爲放流殛竄四罪之舉乎 缺 無任瞻

天冀蒙雨澤之至

批曰省疏可想誠禮之勤當初善道之發配在渠猶輕今又煽動依施加律而鑴絅等當嚴鞫拿囚事圍籬

善道于北靑

陳辨疏

伏以遺臣宋浚吉宋時烈苟 寧陵不世之遇有如周文之尚父昭烈之孔明待之以賓師契合昭融加之以 先大王恩禮之典兩臣報國之誠終始惟一可質神明矣至 殿下嗣服之初奸臣覘隙造虛構

誣兩臣不遺餘力而況臣師浚吉旣歿之後乎竊恐
殿下之聰明不及乎 先大王而亦不能無疑於
邪正之分也已亥服制以古禮莫懲因用國制大明
律議定服朞 寧陵舊封外雖罅漏內面安穩可奠
玄宮萬年之基而至有遷封此則朝家釐正已行
之事也彼輩今乃持此必欲追罪兩臣亂類之極一
至此哉孔子曰今如用之吾從周朱子議山陵書曰
別求草擇以營新宮使壽皇遺體得安於內則宗社
生靈皆蒙福於外然則兩臣之所爲允合孔朱之義

豈敢有一毫容私乎雖古之冲主未聞有罪其先臣況以 殿下之神聖濬哲豈不知周公之賢霍光之忠乎亟宣 慈旨以安已死未死之遺臣缺○上敬懼比之汲黯之讜而終不允

陳情疏 逸

批旨倘以淮陽爲薄耶姑從爾意勿忘江湖之憂

陳辨同春先生疏

缺 惟我 崇陵一抔土未乾遽然追奪先臣 先大王精靈在上豈以 殿下爲體天之孝乎 缺

書

上王父 辛卯八月七日

伏白去月小望直行至長湍展墓旣望旋歸坡山哭訣元舅襄禮而因留除服今月初三抵入館學乃秋享入齊也 大駕親臨禮威嚴重大祭利成而泮儒相推署名泮任辭不得已難可旋發歸期恐晚玆因寧吏去便上書伏達下鑑後秋衣一具付送于寧吏回便伏望

上伯氏邵齋公 坐○癸丑四月七日○遞

上從兄晦靜窩 書 戊戌二月

頃聞招命趁欲趨進而非但大雨爲祟稅船方發有截卜之事以此遷延伏悚萬萬卽玆暮春侍歡如何此處頻染患大熾去此他處兩丁相繼而死以此家君出避山方這間憂悶何以進達王考狀草不可不速修而未聞兄主枉臨之奇就辭于家君則旨勿往之敎且修簡于仲父主及鄭李倫故不敢違命承進奴子而此奴愚甚不知其處玆送于雙山領納後一封書信傳于鄭友如何狀草須要精審詳眞而鄭友

似不能爾兄主斯速來臨寘于家君伏企別有好樣議定之端則掃榻高竢矣

上同春先生 戊戌二月

伏惟函文詣 闕宣對後內學外學一新文風禮俗煥然有三代之治則函丈之一動一言大有補於風化而矧又沙清兩先生致祭之請暨我王考 贈爵之舉皆出於尊賢尙德之至而公私感幸爲如何哉近日所講禮疑別錄以呈詳賜下教伏乞 別錄逸

上尤庵先生 戊辰九月○逸

上尤菴先生 壬戌十一月

小生不得造詣于門屛今有年矣其間吉凶憂患未得一一奉慰自訟不勤而今秋長湍之行千里跋涉舊疾間作又不能委進悵悒而歸今幸小間擬欲冒寒趨進屛後穩承淸誨矣西部風瘇猝然加劇末由致身逋慢何已竊惟自丙丁後士君子出仕於義爲辱而人人固如是則誰與爲國然則仕與不仕跡雖不同其忠義之分未嘗不一致也孔子之作春秋也以尊周爲大孟子之遊齊梁也以王道爲急朱子之

對孝宗也以討復爲先蓋一日無此理則三綱淪九
法斁華夷相雜人獸同歸當此不辰士君子出處行
義不可苟爲尤不可不愼也近聞嶺湖之人借言曰
皐夔伊傅周召大臣也甯武子諸葛亮狄仁傑司馬
光忠臣也趙過劉安趙忠國劉彝幹臣也今之執政
者未有幹臣之一能而久居大臣之名位虛張公論
徒取黨禍噫此等人此等言抑有所指而發之也缺
此非寸楮可復而今又沉痼未能躬造替陳悃愊伏
乞垂察焉

上尤庵先生 癸亥正月

孔子之欲行先王之道於天下也周遊及魯而知道之不行徒取先王之法付諸方冊傳之萬世此所以賢於堯舜也歟當此之時如顔子者卽閔冉以上賢也若夫子之道行於世則豈可以簞瓢自守陋巷乎惟我沙淸二先生繼出乎靜退牛栗之後以堯舜之道陳之於君以孔朱之學警之於世猶未能伸復大義於三千封疆之外遂退藏而不世然則後沙淸而學沙淸者當取法於顔子矣然此亦妄意所及耶文

丈之前後撥國進退艱難而　恩禮之隆不爲虛受
缺　蓋討復之義自是天理人情之不能已已者而含
冤忍痛之久鬚眉盡白遂成千古之恨奈天下後世
何愼翁曰聖人之教莫如大學而大學之教不過曰
明德新民也則格致誠正修齊治平皆次第項事必
須自明自新然後治平可期也嗚呼孔朱之道不明
於世君子小人互相矛盾而何幸春秋綱目之書不
泯故小人恐懼自伏而偶合天誅者亦多有之小人
之爲小人皆以黨族阿附權奸貪饕名利上下相攻

中外交締論議奔競禍機煽動丕變將至當此時也士君子於東西南北了無居處則獨抱中庸退藏于密密可也每念神采風儀齒與德尊知與勇斷斯速之行不出人後矣未聞有動作抑爲老成熟見有非常情所測歟夫以春師之知止善終未免有乙卯之厄況今世道日迫久居尊名恐非安德之基也若一疏不解再三懇陳退歸林下以時存養益加衛武遽王之七十九十進德修功不審以爲如何耳情溢辭縮不勝惶恐詳賜教示伏乞

與閔大受 鼎重○戊申

山雞一種戒送于馴鶴之庭使之時習毋作蓬蒿微物如何區區顒望

答洪子晦 處亮○辛亥

盛意所勤猥承司饔除授之命感賀不已而朝夕進膳之節 宗廟粢盛之禮非庸碌者可堪計呈辭狀冀蒙雅納

與金久之 壽恒○丁巳

南荒水土不美榕隱寢食幸不以此損攝否君子雖

處夷垂翼不息莫明則必有見田文明之象矣近聞瑞石又陳辨云仁愛之天庶有感應歟朝廷事在於息菴瑞石兩人協謀則陽復可期也皆是寬抑如何僕退蟄鄉園無事添病莫能奔慰替送阿岑爲探經歲震艮之節白蔘一封伴呈

答金永叔 萬基○己未

千里一幅好音是慰三歲如渴之懷蓋天有陰陽晦冥以時人有君子小人淑慝自分亂極思治天人定理然有其時而無其人則亦不可以成終也方今柱

石之臣在朝者惟公與息菴數三人而已望須奮忠協謀以安 宗社以正朝著如何顧此漸劣既不能於進思而歸命於草澤更何顚倒乎領察焉

答吳貫之 道一〇戊午

龍郎徐兄來先聞口報又承書問口書詳悉多感講世之誼懇製疏文曲盡情僞有以感格于天地神明使鬼蜮之徒知所恐懼而自伏則烏不爲世道之幸也

與李養叔 頤命〇庚申十一月

高明兄弟獨步蟾宮首折丹桂人皆曰天上郎如我老栢之悅尤不尋常每念先大人在堂教君兄弟間下食乎勸讀至勤問雞鳴乎我誦不休惜寸課學積年成功致此今日之丕慶宜乎信哉令從子賓仲剛點額龍門之日亦踵此而至矣高明之教子姪必從先大人之教術則前頭光榮何可量也仰賀且禱記

遇溪記

缺

武夷九曲之溪賴紫陽夫子而名之天鳳一派之

溪遇竹川朴先生而稱之登斯者可以溯眞源於千載之上下而吾知眞源不在天上只在乎方塘半畝之間斯溪也豈專以形勝爲美哉溪遇人人遇溪而地人相得也

祭文

祭愼齋先生文 乙未閏五月

痛惟覆天地亘萬世三世一統聖賢之出未有如孔夫子而又如曾氏之父子程氏之兄弟者世有幾人天祚海東鍾出先生父子泰山重立鳳鳥再鳴傳受

石潭繼述家庭父聖子賢父師子師嗟我檀箕遺邦上下數千載之間繼世道統之傳豈有如先生者乎嗚呼痛哉 缺

祭同春先生文 壬子十一月二十四日○述

同春先生墓告由文 丙辰正月

嗚呼先生之歿五歲于玆泰山一頹邱垤抗高江海滔天有甚洚水羣陰擁蔽太陽失照雷霆所震恩波奔傾天地有憾蓍龜不靈凡在婦孺莫不揮泣矧余之痛曷有其極九皐戛鳴聲未聞天慍于羣小放歸

田園旋惟念旣不能以堯舜之道開陳匡救又不能以春秋之義聲罪討治而有此不世之丕變歟是誠自作之餘孼也以彼以此誰怨誰咎陽無可盡 缺 人共憤含泣展墓儼然著存微衷敢告雙淚先垂精靈不昧庶幾鑑玆

祭市南俞先生 棨 文 甲辰三月○逸

祭元舅僉正成公 櫟 文 辛卯五月五日○逸

祭美村尹公 宣擧 文 庚戌正月○逸

祭石湖尹公 文擧 文 壬子十月○逸

祭宋正郎光栻文甲辰七月

聞公之喪赴哭靈遂無可言者公之此行出於顔伯之後家庭萬慮洞然却之從二子于泉宮學詩復禮而不忘父師之訓如何嗚呼哀哉

松村集卷一

松村集卷之二

附錄

年譜

大明熹宗皇帝天啓二年壬戌（本朝光海主十三年）六月二十九日癸巳未時公生于坡州郡坡山下訥老里外第（性毛）（辛亥文康公搬居于京駱山梅溪洞 甲寅還歸貫城使承旨公往寓坡山）解娩之夜外祖滄浪公夢有北嶽神人抱進金童日此長庚遺精也資送安氏家俾爲養時王父文康公在松山前一夜夢泰山鎭庭金光繞室有一

青袍抱經升堂焚香跪讀遂欣然感覺及坡山娩報至以爲異朕相應命名以鎣

三年癸亥（仁祖大王元年○公二歲）

當晬辰滄浪公夢北嶽神人來言曰安氏子無恙乎此乃康寧考終之命也其無恙乎滄浪公覺而異之記前後夢事

四年甲子（公三歲）

春文康公到坡山見而愛之謂滄浪公曰是乃長德之門餘慶耶不意膝下有此兒孫

五年乙丑公四歲

母夫人成氏徑小寧日故從大人承旨公寢食于

外堂

六年丙寅公五歲

正月二十六日遭外祖滄浪公喪

遊戲不羣常因諸內從課學而傍聽能解數與方名

物類及文字

七年丁卯公歲

十月二十六日丁戍夫人憂

夫人以 萬曆壬辰十月二十五日丑時生享年三十六而歿○同生兄弟姊妹凡六人兄岦年甫十四弟喬生纔一期相接號哭不忍見十一月襄奉葳夫人于長湍郡望海山下水泊洞後艮坐原

毅宗皇帝崇禎元年戊辰公七歲

八月行練事十月二十六日行祥事十二月行禫事

二年己巳公八歲

正月從承旨公南歸于寶城郡松山里舊第

受學于王庭

先讀小學凡讀書必熟讀理會了讀他書

三年庚午（公九歲）

秋讀書于氷壺亭王父命吟氷壺秋月公應聲題詩

四年辛未（公十歲）

牛山精舍詠孤松八梅

五年壬申（公十一歲）

受讀爲學之方

牛溪先生所纂而文康公鋟于家塾（今之朱門旨訣）

六年癸酉公十二歲

十一月二十日上壽王父初度晬辰

七年甲戌公十三歲

秋北學于坡山

季舅靖惠公稷號梅邊曰牛山之下醴泉達源前頭河海之工何可量也

除夜與內兄成大憲熙冑諸從述懷

八年乙亥公十四歲

拜石湖文擧美村宣擧尹公兄弟於坡山院二公

歎曰麟角鳳觜天資出羣又曰山之喬嶽金則雙

南

秋歸省于松陰堂承旨公堂號

九年丙子公十五歲

十二月放案廢讀

時北虜猝至 大駕播遷中殿率世子及嬪宮入

江都危急情勢迫在朝夕王父慕義爲勤 王之

行承旨公及仲父愼之季父逸之陪從焉公痛哭

曰魯之汪錡眞義男也惟我君父受辱雖以童年

未克戎事豈敢晏然從事於文字乎

十年丁丑 公十六歲

聞南漢解圍慟哭作詩

時朝廷與虜和 世子大君北行王父旋罷義旅

而歸公號天慟哭而作詩

十一年戊寅 公十七歲

二月聘海南尹氏

夫人生 天啓辛酉八月二十日通政惟方女觀

察使復曾孫孝友勤儉早識禮經冠昏喪祭一遵

無違○公在東床尹姓人矜高自滿戲謔無度至

有童狡之悖言公以童觚責之

三月往長湍奉審于成夫人墓加麻痛哭

公以幼不執喪爲終天之痛及冠加麻于墓庭畧

伸追服之意

十二年己卯公十八歲

十三年庚辰公十九歲

習科業于松陰堂

承旨公嘗以功令病於理學不曾教習矣公以爲

門戶之計不可不念始從研槧而課習縱筆應題自有斤墨

十四年辛巳公二十歲

講學于舊川龍岾淵村舍

有金剛山人推步者來相之曰進而仕君則伏節就義可以共社稷而莫如退居林泉修道遠害以享貞吉且金運逢火被克逢土受生乃後天顯達之命

十五年壬午公二十一歲

三月八日遭王母鄭夫人喪

公早失恃荐被王母撫養故哭泣饋奠之節一如喪妣而亦不敢踰禮

十二月　日遭外祖母趙夫人喪

公六歲失恃過蒙外祖母愛恤聞訃即赴喪盡其情禮

十六年癸未公二十三歲

四月二十一日遭季父宣教郎喪

宣教公諱逸之享年三十一而卒從弟參歲皆幼

凡事稟于叔母宋夫人而行之

十七年甲申 公二十三歲

六月聞 崇禎皇帝殉社稷痛哭舉哀

九月受王父命就贄于愼齋金先生

禮畢先生賜朱書節要一帙曰此師門傳受要旨

也想賢者已讀而更加熟讀以爲體用公拜受敬

讀

十八年乙酉 公二十四歲

暮春與同門諸公會講于愼獨齋門下因述懷

五月聞昭顯世子薨擧哀

十九年丙戌 公二十五歲

六月風浴于遇溪上感述古蹟

溪在天鳳山中竹院寺之南竹川朴先生嘗讀書于寺愛之命名而刻于石且記其勝公慕淵源所自而有感述焉○有贈別諸僧詩

二十年丁亥 公二十六歲

春受王父命往拜趙參奉松年 靜庵先生玄孫

詩參奉崔龍仁設刊所語之曰各家已卯編錄許

多而王父文所撰最爲精實得眞故付諸剞劂以

圖壽傳

過魯城登尼丘山風詠

冬講學于隱峯精舍與徐梅鏗鳳齡梁鰲峯禹甸

郭南溪齊華諸公劄尊聞錄

二十一年戊子公二十七歲

延伯氏邵窩公進士榜

邵窩公諱崟以學行除參奉官至縣監

十二月往拜澤堂李文靖公植

時澤堂當史局之任設問朋黨之論對曰尊丈居
東行西出入清班先知熟見尤不尋常則第以淺
淺不敢冒陳旣有下問則亦不敢無言竊嘗聞之
聖人之道忠恕而已矣忠恕則無偏黨也今之學
者纔讀一卷書行一番事自矜所能各言所長恕
己則昏責人則明論議奔競權利操縱以伯夷爲
濁跖蹻爲廉邪正未分義理都喪東西之禍於斯
極矣又不知東西之外復有何黨從何方起致使
楊墨之害甚於佛老也若有春秋之袞筆正其分

聲其罪則邪遁詖淫之徒不得立于朝行于世是所敢望於世道者也澤堂曰巨厦繩墨吾與子共之

二十二年己丑(公二十八歲)

上書愼齋先生(書逸)

五月八日(丙寅) 仁祖大王昇遐入郡庭擧哀

孝宗大王嗣位

二十四年庚寅(孝宗大王元年○公二十九歲)

正月十四日(戊辰) 子敏相生

二月中生員試第一

忠翼公李時白爲考試官與李文僖翊相李靖憲

光迪同榜

五月八日庚申大行大王初期入館學望哭

十月十六日上壽承旨公初度晬辰

二十四年辛卯公三十歲

五月五日遭元舅僉正公喪

地遠未由赴喪爲位而哭及葬操文哭訣文逸

同月八日甲申大行大王再期入郡庭望哭易服

八月留舘學奉承王父答書

畧曰泮任非淺淺可堪敬之愼之今秋大享 聖上親莅云尊聖興儒於斯至矣 旨言聖謨誌而勿忘當舘凡禮併須詳錄以爲存案還家時一件抄來焉

二十五年壬辰 公三十一歲

春大飢餓殍相望行賑恤

公歎曰壬辰之厄固如是耶 兵凶之間喪亂一也稟于承旨公出家儲米穀賙給一坊列邑之嚮義

賑恤者蓋以公之首倡也

本道御史老峯閔公(鼎重)以公行義啓聞于 朝

三月除承議郎

夏奉王父通政優老之 典

十月二十五日往長湍展省成夫人墓

即成夫人初度晬辰也詣墓奠畧伸如事之誠

二十六年癸巳(公三十二歲)

三月奉王父工曹參議 教旨

夏遊五峯山

即南州小金剛也有鶴洞龍湫之勝五峯鄭公思
悌嘗讀書于山庵屢經兵火幾傾滲漏曠感忠義
與同志畧加修葺扁之曰五峯遺庵
秋講會于龍山書院翌日遊大龍山
東南瀛海西北大川即郡之中嶽也上臺盤圓可
坐千人每年重九泛菊飲樂于此
二十七年甲午公三十三歲
正月進拜愼齋先生
先生問近讀何書竊想尊王父聰明無減教授不

倦賢者進就何可量也然學之成之在我勉之

十一月十三日己亥遭王父文康公喪

喪葬祭禮一依朱文公家禮承旨公年六十五歲

衰麻哭踊哀毁踰制公憂及成疾强進肉汁藥餌

二十八年乙未公三十四歲

三月 日遭第三叔父宣教郎喪

宣教公諱審之居憂而卒襲斂衣具雜用吉素

閏五月聞愼齋先生訃卽赴靈遊加麻具文哭訣

二十九年丙申公三十五歲

十二月卜居于小舟村(今酒村)

公以爲親老不可遠離而地近於松山故居焉

三十年丁酉(公三十六歲)

春叔弟嗇登武科

叔氏以智畧除兵馬虞侯官至刑曹佐郎

秋又行贄禮于同春先生

愼齋先生歿公以師禮事同春先生先生常謙退不居再三懇進講論禮疑多有發明先生歎曰高明見識非求我而乃起余者也

三十一年戊戌 公三十七歲

正月趙南松復陽啓請曰承議郎安崟學正淵源行修孝弟宜擢用于教授之班　上曰聞甚嘉尚宜先收用

二月除童蒙教官不就

都承旨姜栢年奉　教○承旨公以王父答月沙李相公書考先腹傻之譏申誠焉

奉王考嘉善大夫吏曹參判　贈旨

同春先生文翼公金壽興遂奏請　贈

上書于同春先生

上書于從兄晦靜窩 嵒

三月除奉訓郎

四月除修義副尉副司勇不就

七月除忠武尉副司果不就又除奉直郎

見南松趙相公別紙書

略曰賢者一不就差克遵先訓而然歟隨時變通

如何如何

十月除忠武尉副司正不就

三十二年己亥 公三十八歲

正月自長湍往坡山奉呈梅邊堂詩

二月入館學講五禮六經

時 廟議以爲別擇館學之任故設講筵以五禮六經能通者選定焉

三月除通善郎司圃署別提

五月四日 甲子 孝宗大王昇遐入館學舉哀

顯宗大王嗣位

十月除通善郎成均館博士

三十三年庚子 顯宗大王元年○公三十九歲

正月上疏痛陳禮意因請善道按律

慈懿殿服期之制已定鑴黨假託禮議暗嗾尹善

道構誣儒賢

五月四日戊午大行大王初期哭于外班

三十四年辛丑 公四十歲

五月四日壬子大行大王再期哭于外班易服

六月上疏請尹善道加律

趙絅輩繼踵投疏枉救善道攻斥儒臣及疏臣

三十五年壬寅公四十一歲

春拜尤庵宋先生于興化門外私第

時尤翁承 召入城或有問曰博士何許人尤翁曰此人學問正直不馳外物君子人也抑爲士林之根柢乎

四月見參贊李公剛中書

畧曰高明繼述之誠欽仰久矣適借閱江漢集其中陪臣傳尊王考事蹟有之故不覺悚然起敬想或高明未及見也否玆以謄上

三十六年癸卯 公四十二歲

春進拜同春先生

三十七年甲辰 公四十三歲

三月聞市南俞文忠公棨訃操文替哭 文逸

七月聞同春先生胤子正郞光栻訃爲文哭之

八月十四日癸酉丁承旨公憂

喪葬祭禮一遵朱文公家禮

十月襄奉承旨公于同郡乾池山下先兆左麓庚原

三十八年乙巳 公四十四歲

八月十四日(丁卯)行常事

三十九年丙午(公四十五歲)

八月十四日(壬戌)行祥事十月十八日(丁卯)奉禫事

十二月往長湍展省成夫人墓

次呈季舅靖惠公望耄韻

四十年丁未(公四十六歲)

八月二十三日(乙未)遷奉承旨公墓同窆于成夫人墓

判書李文翼公慶億以公之孝行啓薦于 朝

十二月除通德郞 厚陵參奉

四十一年戊申 公四十七歲

正月三日哭叔弟刑郎公喪

刑郎公年四十二卒姪壽相年甫四歲撫愛教育

一如己子後以學行除署令官至縣監

秋送長子敍相就學于老峯閔文貞公

四十二年己酉 公四十八歲

入舘學與諸生聯疏請 神德王后祔 太廟 留逸

時尤庵先生上箚請配 神德王后于 太廟

上終靳允許公遂與諸生聯疏力請竟得 陞祔

四十三年庚戌公四十九歲

正月聞美村尹公訃操文哭訣之

二月除世子翊衛司翊衛

東宮冠禮及期同春先生啓薦以博學明禮有是

命

九月挈眷入洛居梅溪洞舊舍鈍庵公進士公文康公嘗居焉

十二月行至金浦奉審牛渚書院

重峯先生妥享之所也公謂院儒曰先生以間世

鍾出之眞儒道學節義根天盤地功及後世吾王

考之所以景慕而修整東還封事抗義新編且其遺文雜著草送本家矣未知刊成也否出百金以助之

四十四年辛亥 公五十歲

二月二十日遭仲父宣教郎喪

宣教公諱愼之年八十卒從兄害年老哀毁有疾公時遺藥物請服

十月十日哭長子婦慶州李氏

李氏郡守光翼女壑汀忔孫不幸早世葬于長湍

望海山先兆左麓○後緬奉于寶城柳鶯洞後山

三合窆

四十五年壬子公五十一歲

十月聞石湖尹公訃具文哭之逸

十一月二十四日聞同春先生訃哭加麻致祭具輓文逸

十二月謁尤翁於板橋席上見文谷金公壽恒辨釋

節義學問之義疑

文康公嘗曰節義是學問之一事今人歧而貳之

殊可歎也云不知者反以節義學問歧貳之端誣毁于文谷文谷疑之嘗書質于尤翁矣至是以隱峯遺事中本文參互辨釋文谷曰今而後知隱峯之學問節義前日膚淺之聞問何足語也

除司饔院主簿不就

見吏判洪公處亮書

畧曰司膳微班雖非待賢之道亦爲存敬之地弊曹以公爲薦幸賜勿孤焉

答北汀洪公書

四十六年癸丑(公五十二歲)
二月還歸于寶藏小舟村舊舍
三月十六日(乙酉)哭夫人尹氏喪
初終凡節一如儀文葬于小舟村後麓○甲戌緬
奉于劒月嶝合封
四月奉邵窩公答書
就審伉儷悲慘大無損節京邸內眷無事抵達葬
地附近擇定云是則爲幸返魂之擧定在那間徒
增遠慮而已趙萬宗造成神主于本家再昨送于

李哥寧吏之儍未知其己得傳致否也 寧陵奉

審之節一如疏本之所陳其時監董官方在拿囚

故申允瑞亦參其中此爲可慮鄭相以大監姑不

爲拿縈而自 上有以法處理之 教未知未終

爲如何矣 陵行勢所難免以此諒悉焉

六月除司憲府監察不就

七月除刑曹佐郞不就

十月十五日辛丑 寧陵遷奉于 英陵之傍望哭

大轝于路左

四十七年甲寅 公五十三歲

二月二十四日 壬戌 仁宣王后昇遐入外班擧哀

七月七日庶子鎭相生 先是卜小家光山金氏居京梅溪洞書舍

八月十八日 己酉 顯宗大王昇遐入內班擧哀

肅宗大王嗣位

四十八年乙卯 肅宗大王元年○公五十四歲

正月赴闕上疏陳辨

鑴黨李宇鼎睦昌明首發凶論南天漢李壽慶繼

又鳴張構捏尤春兩賢至於追奪遠竄○時金文

谷閔老峯任相元安禎上言受譴尤翁竄于德源

六月圍籬于長鬐

八月十八日 大行大王初朞哭于內班

十二月被削黜之典

尹善道外孫沈檀以同春先生官職追奪事申請

而蒙 允洪得禹趙相愚安世徵皆上疏被謫公

直日叫閽陳辨 上不懌遂有是命公乃望 闕

痛哭而退

四十九年丙辰 公五十五歲

正月南歸懷德見同春先生孫炳夏詣先生墓操文
告由
八月十八日　大行大王再期入郡庭望哭易服
九月上書于尤庵宋先生圍籬所 書逸
五十年丁巳 公五十六歲
修書于文谷金文忠公謫所
五十一年戊午 公五十七歲
春哭外弟梁參奉 禹成 有輓
答判書吳貫之 道一 書

次太古亭韻

亭是文汝華（希舜）考槃之所汝華文康公門人也

五十二年己未（公五十八歲）

舘學儒生上伸救疏（逸）

前年戊午海黨金致相徐國賢（名未詳）數十輩以隱峯院宇毁撤之意發通投疏矣今又以公之庚辛兩疏謂非正論而按律其師嘯聚於完校揑陳誣疏故館儒上疏陳辨聲討徐黨削黜儒案

吏判金萬基兵判金錫胄奏請日黜外臣安崇學術

可以爲山林經濟其氣節亦可爲　宗社柱石宜還
召供職　上曰姑俟之
見瑞石金公萬基書
畧曰自我不見于今三載運也奈何瞻望南雲無
日不勤今日國事庶有回天之望自老峯辭職引
罪後凶徒日沮竄謫之人將爲還叙則豈非奮發
勵治之會耶自　上似有宣　召之道幸勿自蹯
也
六月　召拜朝奉大夫禮曹佐郎

公以爲耻 召不赴於義未安而一瞻 天顔再
陳所懷遂赴 闕謝 恩 上下教曰寡昧所爲
相違至此咄歎何已勉副爾職
翌日 召對公悉擧宗戚之憂分黨之弊貢擧之
失田賦之濫軍布之徵及天變地灾數十條反復
詳陳申之以臯夔五典九德之謨八政五極之範
一一對揚拜手稽首 上稱尚曰酷吏大暑君子
淸風 賞賜鶴頭扇一柄
十月入對又力陳分黨之禍 上嘉納書賜一葉春

三字

見徐梅壑鳳齡書

曩日近聞復職就列展布拱辰之忱令伯氏又聯鞭彙征云想鹿門酷似之壯尤極贊賀也明夷之極幸際敦復先正爵謚院宇正合申籲而老峯相國又在明揚之首此實一大機會也竊計先生遺文狀碣等文字使之旌彰表樹以爲申請爵謚之本未知其已淨稿耶先生在世壬辰錄寄贈浦渚趙相混定錄一件錄送澤堂李相則兄其從容採

問于兩家子孫搜出謄寫以爲完集如何立談回
教耳
五十三年庚申公五十九歲
春討逆鑴堅等伏誅
先時堅與鑴假託大義別設體府陰募力士招納
不軌是年春別設大宴秘謀將發公與金錫胄金
萬基諸公奮忠討逆堅鑴及元楨挺昌台瑞宗室
楨柟等皆誅死
八月朔與屯村閔文貞公維重及同門諸公陳請同

春先生官職追復之舉蒙 允

十月二十三日哭季舅靖惠公訃

舅甥之親亦有教授之義赴葬具文哭奠文送

三十六日壬子 大王大妃昇遐哭于外班

十一月書賀李疎齋頤命登文科

五十四年辛酉公六十歲

六月下 傳旨賜錄勳券

右承旨宋昌徹奉 教錄保 社原從勳一等加

一資父母封爵子孫承蔭宥及後世考 贈通政

大夫承政院左承旨兼經筵參贊官姚成氏淑夫
人子敏相除通德郎
七月拜通訓大夫工曹佐郎
清使來嚴責朝廷廷議多端公進請以往陳吾邦忠
義典禮于彼邦毋使君親受辱之義
九月自水部合啓請　恭請大王尊號追上之制
恭請大王允恭克讓自謙不高有堯舜之德不能
名焉昇遐之初未加尊號恐爲列　聖朝未遑之
典今　永寧殿祧主　陵寢四時之祭請加　尊

號之禮蒙 允

十月拜雲峯縣監不就

梅溪月夕從容假寢夢有衣冠長者來警曰以上

舍童訓位經四品貴則貴矣不知自足而不遷 先

訓耶忽焉夢覺風雨凄凄雞鳴不已遂感想于綠

野止水之遺意決心於還鄉

十一月陳情南歸 逸跡

玄石朴文純公 世采 贊曰退憂之直比諸汲黯而

晩節不同汲黯就淮陽退憂不就雲峯就與不就

賢否存焉
五十五年壬戌公六十一歲
構數椽于松山澤村之南扁其堂曰退憂
公嘗以明道希文爲己任而憂愛之誠進退無間
故堂成以退憂揭額模寫朱夫子愛君憂國詩以
爲座銘○南州從學者稱松村先生退憂自號也
編次文康公遺稿鋟刊于大溪書院
老峯贊曰隱峯世德傳至退憂愈久益章○大學
演義理氣四七辨典禮攷證等書今逸不傳嗚呼

惜哉

晬辰不受子孫獻壽禮

六月二十九日公之初度晬辰也前期子姪請行上壽禮公禁之曰余平生不嗜燕飮況於倍痛之辰乎遂啓行至望海山哭奠于考妣墓留墓下舍踰月而歸

過魯城見尹明齋拯

明齋曰尊王考遺文全帙嘗屬於景肇斯文矣苦未嗣音遷延至今亦甚愧尚德之淺淺也辛崇尊

賜得一以寓目焉固陋之大幸不勝拱竦者以全帙爲難其中大學演義理氣四七辨典禮攷證等書一冊惠賜如何

十一月上書于尤庵先生

撰坎止堂金公澄事蹟 逸

金公性剛直耿介在監司時返以貪汚被劾同春先生上言陳辨公以同門詳其顛末故撰其事蹟

五十六年癸亥 公六十二歲

正月戒子斂相赴逼禮院

本院五禮所屬之官非博學明經之術不稱其任
謝 恩義也辭任知也汝須惕念而勿忘也○時
文谷金文忠公以公之冑文行啓薦于 朝
上書尤庵先生
九月往坡山感吟舊跡
十月自同春舊庄至華陽洞拜尤庵先生
終夕講話至於修潤王考碑銘尤庵曰吾兩家世
誼信重吾既已下手焉則當加意矣已而 上候
急報至尤翁即起馳京故留後旋別因與遂庵權

公尙夏奉審　毅宗皇帝御筆眞本非禮不動四
字痛哭感吟
十一月哭外弟梁兵使禹及有輓
十二月五日甲辰　明聖王后昇遐入郡庭望哭
五十七年甲子公六十三歲
劄庸學義疑纂禮疑問答訓示門庭
往進隱峯精舍拜謁第四叔父宣敎郎
宣敎公諱益之號靜習齋少有疾病因得勿藥之
夢年近八耋神采自若恬靜修道嘗以孝行登繡

薦
聞老少分裂遂杜門不世
或問老少之是非曰姑舍是天下無兩是則是非
自定矣斯文之不幸至於此極歟○先是尹拯以
尤菴先生之言行本源義利雙行王覇併用之說
爲書而玄石欲其保合師生之義調停矣至是滿
出轉至懷德崔愼謄本䟽達老少分黨自此始
五十八年乙丑 公六十四歲
七月宣　召拜通政大夫兵曹參知不就

特以勳臣進爵音是 命諭旨曰進爵之舉不無
後蘇之歎暫回江湖之跡勿孤予望
八月望夜登氷壺亭逍遙步月已而就枕夢吟一詩
九月九日丙寅巳時易簀于退憂堂
朔朝戊午參謁祠堂陪邵窩公共寢夜分奉話翌日
歸灑掃堂室藏修書籍癸亥得疾子姪請進醫藥
却之曰順命而已施之何益丙寅平明盥櫛正坐
戒子姪曰我東爵謚之典太多溢美痛歎士君子
進退辭受之際禮義愼重官階書式只書踐階勿

書辭職又曰汝曹孝弟爲本學問自修勿近權利

不求聞知遂敍秇恬然而逝

訃聞 特命該曹令本道致賻

殷紬三匹貝珠一雙青銅貳百兩精米五石擔䡴

軍參拾名

十一月十三日庚申 襄葬于郡治之南劒月嶝酉原

六十二年己巳鑴黨來善與黯等以庚申獄事構誣

有追奪勳爵之命

世道丕變李命贒李義徵鄭維岳輩用事 坤殿

尖位牛栗兩先生黜享文廟尤庵文谷受後命老峯屯村委命謫所又以已丑記事松江鄭文清公

澈及文康公追奪官職毁撤院宇

六十四年辛未進士李光錫與本道儒生二百餘人上伸冤疏 逸

六十六年癸酉博士金祿率館學儒生上伸復疏 逸

六十七年甲戌承復勳之 命改修錄券

壺位復御儒冤畢伸而文康公復官建院長子敏

相除朝奉大夫翊衛司翊衛○復勳都監平川君

中琓光恩君金鎭龜司僕寺正李徵明副司果趙
秦彙童蒙教官朴泰殷
七十八年乙酉湖南儒生柳壽鼎等百餘人上疏請
贈爵之典
時禮判趙公相愚謝病遞任事寢不行○進士柳
壽鼎夢有一長者呼警曰子非淸白後裔耶我東
爵謚之典自近世頗多溢美此莫非公議所失也
如令死者有知豈不爲恥辱如無知烏足爲榮貴
我生只號賤階我死不書辭職則 贈爵何爲吾

誰欺欺天乎勿煩此舉也忽然驚覺與諸生說夢
記之
八十五年壬辰右議政趙公相愚啓請子孫錄用
啓曰去乙酉年臣在春宮湖南儒生柳壽鼎等以
故參知臣安崟 贈爵事進疏而臣適任中未得
回啓矣事之沉滯于兹八年此則第竢來頭公議
之如何而崟之嫡孫世轍居鄕讀書孝友稱善當
依保社勳臣子孫承陰之典施行 上依允除世
轍通仕郎復除通德郞後至司憲府執義

八十六年癸巳趾齋閔文忠公鎭厚撰行狀

一百三十八年乙酉（英宗大王四十八年）文元公櫟泉宋先生明欽撰墓表（逸）

曾孫昌虎（松庵）出入先生門下受墓表

一百四十七年甲午曾孫昌謙（止菴）編輯遺稿（未及刊行而失於水火）

二百三十五年壬戌（哲宗大王十三年）本郡儒生以爲龍山水石乃先生遊賞之地議建祠宇于山下龍谷發通道內列邑（李志容朴重洪任璀壽廉柱禹蔡致默李基衡鄭奎文數十人）

隆熙紀元後十七年癸亥小石李校理種文撰墓碣銘

松村集卷之二

松村集卷之三目錄

附錄

輓詞
祭文
辛未伸冤疏
癸酉伸復疏
乙酉請爵疏
建祠宇通文
行狀

墓表

墓碣銘 幷序

松村集卷之三

附錄

輓詞

庶尹李公商翼

長庚秋夜復生光料識瞻公陟帝鄕人哭卬否心隱痛前機後轍有誰防

祭文

大司憲成公至行

嗚呼痛矣先生以隱翁肖孫生天啓壬戌以退憂居士卒崇禎乙丑承襲內外之庭訓就質慎春之禮學署名學館謝恩京塾仗禮陳疏江海奔竄保

社錄勳丹書鉄券風雨雞鳴見幾而作諫議何宮不屈再辱兒時聞丙子講和憤泣號天詩有曰魯史尊周義忍何共戴天及我 崇禎御筆春審慟哭詩有曰再造 皇恩無地報黃河那得洗兵歸此皆發於天理之所固有者而仗忠扶義出乎人情之迫不得已而含冤忍痛先生其 大明逸士也歟已矣南嶽忽什孰不悲哀矧余之痛尤極情私世經患難地遠南北視若親姪過蒙如渴之惠戒以偏黨文勤斯文之託胡爲今日遽作千古悵望雲湧淚 缺

祭文　判書李公光迪

嗚呼人之弔死有以情私而哭有以世道而哭嗟余之痛有倍人哭生而併世繼而同榜齒尊德尊我事以兄(缺)孰謂今日屋樑先摧目今山河洚流滔滔大地陸沉吾誰與歸執紼情也漬綿禮也竊有一言而痛告焉歸謁地下之祖宗則陳請大義討治亂賊奠邦家於泰山之安扶斯道於秋陽之曝不昧者靈庶幾感格

辛未伸冤疏 遂○進士李光鎔與本道儒生百餘人

癸酉伸復疏 過○博士金棣率館學儒生

乙酉請爵疏 湖南儒生柳壽愚等百餘人

伏以臣等竊覵我殿下崇賢命爵之典迴出百王以太陽之正中王春之無私其有實蹟之可懲公議之可採者則雖遐土窮濱曠世孤族莫不搜揚而襃奬之亦莫不依願而報施之未嘗有久闕向隅之歎所以爲風厲四方者吁且至矣臣等雖跧伏草野亦霑菁莪之化不失其秉彛之天則安得不以擧國之公議仰聞于 四聰之達乎臣等之所居同道實惟

郡故參知臣安鎣以故儒臣邦俊之孫先正臣成渾
之外孫克篤詩禮而又師先正臣金集宋浚吉德業
禮術爲斯文相推故先正臣宋時烈稱以士林根柢
故相臣李植閔鼎重有許以巨厦繩墨有贊以世德
淵源　孝廟庚寅中生員試第一而不滿四十之齡
故相臣趙復陽首薦以孝悌經禮之學筮仕童蒙教
官其在成均博士以己亥服制前後上疏懇陳國制
大明律痛斥貳禮之奸臣當　殿下之御東宮加禮
宋浚吉薦以博學明禮除翊衛司翊衛缺　安鎣之淵

源學問事業已有 殿下之洞察而在 殿下之朝則汲黯之 批淸風之 敎御題之文賞賜之典封爵之勳皆 殿下之親裁也至於加爵不受之節亦爲 殿下之親知則不待臣等之呶呶多辨矣第以安崟之遺訣只書踐階勿書辭職等語論之臣等今日之請有非安崟平昔之素志故請借以先正臣李滉之事煩瀆焉李滉則我東朱子而 先朝禮遇之臣也官至右贊成其訣辭云墓石勿書爵號書以退陶晩隱後 贈領議政 賜諡文純然則安崟之所

爲盖源乎李滉其清風偉節可使貪廉懦立於後世而 朝家褒贈之典恐不在於人後矣同時儒臣勳臣皆蒙爵謚而未有及乎安崟抑爲 廟堂之公議遷延有待於今日者乎臣等不顧猥越冒瀆仰籲伏願 殿下親鑑安崟之學問忠義進退辭受之實行特下贈爵之美典以爲樹風化裨世教之地千萬幸甚無任瞻天望聖激切祈懇之至

建祠宇通文 李志容 朴重淡 任權壽 廉在高 蔡致默 李基衡 鄭奎文 數十人

退憂安先生諱崟以隱峯先生之胄孫牛溪成先生

之外孫學襲于兩庭詩禮又師愼齋金先生同春宋先生尤有成德其所與從遊皆巨儒名公也　孝顯肅三朝尊業撮其大者而言之其在斯文劄庸學疑義撰禮疑問答有丙子講和號天詩　崇禎御筆秦審詩庚子上疏痛陳禮議按律奸臣乙卯陳辨尤春兩先生之寃再陳有汲黯之　教其後疏請春師追復之舉其在朝廷己未　召對陳誠以皐夔之謨範旨哉　王言曰君子清風賞賜鶴頭扇一柄　御筆書賜一葉春三字庚申討逆魁靖難保　社錄原勳

一等追榮考妣舊及子孫疏陳 貞陵追復附廟之
禮 定廟尊號追上之典皆蒙 允依施其官階履
歷自生員歷童敎博士翊衛參奉屯簿監察至刑禮
工三曹佐郎不就雲峯補外之治而退歸鄉園又不
受勳臣之進爵晚以程伯子范文正朱夫子所憂爲
己憂扁其堂曰退憂以是而考終不書辭職之遺訣
允合於退溪李先生之遺訓亦可謂私淑諸人也至
於先輩之推薦稱引趙南松薦以孝悌經禮同春先
生啓以博學明禮尤庵先生推以士林根柢金瑞石

稱以 宗社砥柱李澤堂許以巨厦繩墨金文谷閔
老峯贊以世德淵源咸司憲哭以 崇禎逸士閔趾
齋狀以百世典衛此皆正論也趙東岡在禮判時本
道儒生請爵之擧雖非先生之素決出於公議事在
國典施與不施固不足論也然而堂堂公議宜乎精
禋尚闕俎豆其非本鄉之首耻而亦莫非士林之遺
憾乎竊惟今年是先生之降年也來頭乙丑乃先生
之殘年也丁此之辰山仰之誠益復如何哉龍谷山
水部先生遊賞之地故爰謀妥靈之所公議詢同茲

以發遹伏願僉君子其在好賢尚德之地勿以本鄉前日之未遑爲深責而同聲相應併力相援以副瞻仰之誠千萬甚幸越四年丙寅遠近儒林大同創始擄至戊辰見罷

行狀

閔文忠公鎭厚撰

欽惟坡牛兩庭詩禮之學又從賢師而成德以學行被薦策勳　聖朝一退而不屈再辱者湖之南有退憂安公公諱崟字景鎭南州學者稱松村先生退憂其自號也竹山之安始譜於文惠公諱元衡傳有左贊成諱勉公提學公諱挺生主簿公諱民退休公諱範

世爲望族高祖諱舳號鈍庵文牧使與河西金先生
石川林公優遊外服世稱湖南三高曾祖諱重敦成
均進士祖諱邦俊號隱峯道學節義爲世推宗 贈
祭酒考諱厚之號松陰 贈左丞旨妣昌寧成氏
贈左贊成文濬女文簡公渾孫以 天啓壬戌六月
二十九日生公于坡山外第解娩之夜外祖夢有北
嶽神人抱進長庚遺精王考夢泰山鎮庭金光滿室
有一青袍搢笏升堂之異朕故名字以之生而有異
質見稱以麟角鳳嘴承訓于王庭私淑于坡山已有

成立而就贄於愼齋先生受讀朱書節要愼齋殁又
師同春先生授講程朱家禮當時有如尤庵先生者
稱以士林根柢其所與從遊皆名公巨儒也 孝廟
庚寅中生員一等南松趙相公薦以孝悌經禮之學
除童敎博士又被華谷李相公啓請除參奉及夫
東宮加禮同春先生以博學明禮薦除翊衛歷主簿
監察至刑禮工佐郎不就於雲峯又不受參知則公
之出處大義豈易言哉天賦剛直無偏無黨不論人
之過失至於君師之艱難必抗章力辨抵死不已

顯廟庚子前後上疏痛陳禮議按律奸臣 當宁嗣
服之初餘黨繼踵捏誣使尤春兩先生不得安心而
莫可伸冤故陳辨以周文之尚父昭烈之孔明語甚
勁直至蒙汲黯之 教天意未定尤翁未免長沙之
厄春翁竟被追奪之禍于斯時也忠言者皆爲奔
竄無復有敢言者而長號痛告曰 先大王精靈在上
豈以 殿下爲體天之孝乎然戛戛獨鳴未達乎
九重之深遠乃罷黜而南歸告由於春師之墓有曰
旣不能以堯舜之道開陳吾君又不能以春秋之義

討治亂賊誰懲誰咎天人共憤云噫使吾黨後生讀
之者以感想一體之義而不覺雙眼之眦裂也己未
七月因金相公瑞石 遂奏承 召入對懸擧宗戚
之憂分黨之弊責擧之失軍布之徵及外寇內賊天
變地灾十數条反復詳陳申之以五典九德之謨 八
政五極之範一一對揚旨哉 王言有君子清風之
教賞鶴頭扇一柄十月入對力陳朋黨之禍 上嘉
納書賜一葉春三字 天恩邵隆使放黜之臣際會
臣鄰都俞吁咈庶幾有三代之風矣翌年庚申討鑴

積輩不軌之罪靖難保社錄原勳加一資　贈封
考妣承蔭子孫宥及後世噫噫君親之際移孝爲忠
移忠爲孝孝慈併至是爲不世之光榮然而止足一
念常在夢寐遂感覺于止水綠野之遺訓不赴雲峩
補外之治辭歸梓鄉以程伯子范文正爲己任模寫
朱夫子憂君憂國詩扁其堂曰退憂蓋進退同憂也
自甲子分黨後慨歎斯文之不喪謝絕其往復教授
等事不屈三銓之辱安分守道以是考終於乙丑重
九戒子孫曰我東爵謚太多謚美竊歎官階書式只

書踐階勿書辭識又曰汝曹孝悌爲本學問自修勿近權利不求聞知是爲遺訣訃聞于 朝特以勳臣禮 命致賻葬于治南劒月峪酉阡會葬者甚衆而緣紛書式依訣書之照人耳目淸風偉節聳動震耀可使貪頑有所興感者歟夫人海南尹氏通政惟方女觀察使復曾孫貞純婦德解得文字祭祀賓客一遵禮經卒癸丑三月十六日墓同窆育二男五女嫡敏相翊衛庶貧相校尉女別提崔與大次監役盧燦次直長林洸次參奉李秦來次司果林蓋敏相生二

男世轍執義世輔通善郎餘不錄嗚呼公之事行難以悉舉而 慈懿殷服朞之正論暨 貞陵追復之疏 定廟尊號追上之啓又如丙子講和憤泣號天之詩及我 崇禎御筆奉審慟哭之節此皆出於秉彝之天而莫非好禮明分忍痛思義以扶天地綱常者否乎 親筆御賞盟府紀績是爲延世之典肅學劉義禮疑問答頗有啓後之程矣噫夫已巳之變痛迫何言公之追奪及於泉壤何幸天日重明於甲戌傳旨再降忠孝存達儒疏申復斯文得全然則公之

存歿顯晦固不尋常而世道與之升降可爲百世典衡乃者請爵之舉縱違乎昔之遺訣公議則宜乎踶然公之孫世轍執義君來訪鎭厚屬以公狀竊念公與吾先子同門同德而余生晩後未及灑掃公門其爲欽尙不後恒人義何敢辭輒忘其固陋撮其事行以竢大君子之立言云爾

墓表 逸

宋文元公明欽撰

墓碣銘 幷序

李校理種文撰

崇禎乙丑退憂安先生歿後趾齋閔文忠公狀其行

櫟泉宋文元公表其墓而表文不傳嗚呼惜哉乃者
先生後孫圭灝勤情於千里之遠屬碣銘於種文余
以後學淺見文不能具而義不敢辭謹惟先生諱巒
字景鎭自號曰退憂安氏著自順興而本於竹山者
以文惠公諱元衡爲始祖學文忠義簪組世傳赫然
高祖諱紬號鈍庵自薇垣補外四宰與河西金先生
石川林公優遊自適世稱湖南三高曾祖諱重敦進
士祖諱邦俊號隱峯道學節義爲世儒宗 賜謚文
康考諱厚之號松陰 贈左承旨妣淑夫人昌寧成

氏文簡公渾孫滄浪子文濬文先生解娩之夜有
長庚泰山之異夢故名字以之自幼時見稱以麟
角鳳嘴之美質承訓于王庭私淑于坡山其從學
也愼齋先生賜讀以朱書節要同春先生授講以
家禮德業益進禮學甚精　孝廟庚寅中司馬以
學行薦除童教博士　東宮加禮特除翊衛歷別
提參奉主簿監察至刑禮工佐郎不就雲峯補外
又不受參知進爵之　命常以剛直爲時輩所憚
體不施用位不滿德然而其經歷事業昭然有可

世之可懲粤在己亥以 慈懿殿服期之正論前
後上疏痛陳禮議按律海奸而 貞陵追復之啓
定廟尊號追上之擧皆預於好禮明分向上尊慕
之至且如丙子講和號天詩 崇禎皇帝親筆奉
審之節莫非忍痛思義以寓尊攘於萬世者乎尤
春兩先生乙卯之厄皆抗禮奸孽之所構而莫可
伸冤故叫 閽直告曰遺臣二宋在 先王則尚
父諸葛也在 殿下則周公霍光也遽欲追奪遠
竄非禮天之孝自 上敬憚如汲黯而竟至罷黜

南歸懷德拜春師墓痛告以不能開陳堯舜之道又不能聲討春秋之義自引其罪盖慟之甚也亂極思治自是定理故已未復承　召入對歷陳宗戚朋黨天變地灾十數條申誡以九德之謨皇極之範言哉　王言曰君子清風鶴頭扇賞賜之典至矣而親筆又書賜一葉春三字　聖恩如天微意可想翌年春討鑴積輩不軌之罪錄勳一等父母封爵子孫承蔭以事君之忠得伸孝慈之道猗且盛歟及其補外雲峯也感覺于風雨雞鳴遂古

色鴻之擧辭歸鄉園以程伯子范文正爲己憂模寫朱夫子愛憂詩揭其堂曰退憂蓋進退同憂也自甲子杜門辭世不屈再辱而一簞一瓢無改其樂劄庸學疑義述禮疑問答以孝悌學問敎授門庭南州從學者稱松村先生生于　天啓壬戌卒于　崇禎乙丑訃聞于　朝特以勳臣禮致賻葬于治南劒月嶝西山緜粉書式皆依遺訣只書踐階其淸風高節頗有退陶晩隱之戒銘而進退辭受之義炳如日星使當世之貪饕名位者有所戒

懼而感作矣其後請爵之公議登聞而不見施報
者非 天聰未達也抑爲永世終辭者然而然乎
夫人海南尹氏觀察使復曾孫通政惟方女早識
禮經冠婚喪祭一遵無違化及宗黨卒于癸丑墓
同封有二男五女嫡敏相翊衛庶箕相校尉女長朔
寧崔與天別提次豐川盧燦監役次錦城林洸直長
次原州李泰來參奉次錦城林蓋司果敏相男世轍
執義世輔通善郞箕相男世弘曾玄與外孫姑不錄
嗚呼先生之言行事蹟有未盡傳於世然以克己復

禮四字知爲顏子之學則以孝悌學問一辭可以知
先生之大體矣且當時賢師名公有南松趙相公同
春宋先生瑞石金文忠皆薦以孝悌經禮博學明禮
氣節過人澤堂李文靖尤菴宋先生老峯閔文忠文
谷金文忠松坡成司憲稱以巨廈繩墨士林根柢世
德淵源山林經濟　崇禎處士而趾齋狀其行曰百
世與衡此皆正論何敢容贅以余觀夫明夷之極君
子退而世道亂已削勳是震雷之初君子進而世
道治甲戌復勳是也然則先生之存殁顯晦大有關

於世道後先生而慕先生者孰不曰世道良鑑云乎

哉謹爲之銘曰

猗歟先生南服根柢父師所受學問節義下學上達

累升薦剡痛斥貳禮江海流竄對揚臣鄰皐夔謨

範旨哉　王言君子清風一葉自春御筆煌煌盟府

紀績不世光榮梅溪秋月照入鄉山淮陽非薄諫議

何官進退同憂孤星拱北一幅遺辭百世矜式節彼

矧阿山高水清嵬然此石金玉成章

松村集卷之三

松村集跋

松村先生遺稿三冊先生曾孫止庵昌龢所編輯也未及刊布而爲巾衍之藏雲仍零替灰燼漂沒無有傳者八代孫圭灝含恨蓄慨積年裒稡於各家古紙堆中得年譜草本及疏章詩文若干頁雖片言隻句視之若零金碎玉乃曰今天降喪亂腥羶之惡迫在朝夕必欲盡求而爲復其舊本則懼夫并此而失之遂編爲一小冊寫出數本藏于家亦未及刊而遽作千古惜哉今其次胤鍾殷委送于圭容曰願加校讎

而爲善本余繙閱數回蓋屢易紙矣適宋書拾遺重刋時也宋君在直與其主鬯孫永達責然于弊廬亦多相論辛矣蓋先生道學經術優爲邦家之光邪正淑慝之分尊華攘夷之嚴足以軒天地耀日月而未克大施於世展布其四體深爲可恨雖然黑水狂浪非先生孰能遏其滔天之勢南海妖孽非先生孰能挫其凶怪積堅伏其罪今讀其前後疏章　先王之恩批可知矣至於師友授受之正進退出處之宜謹守文康公遺規無違繩墨猗歟盛哉嗚呼抱道不試

者從古何恨自孔孟以下莫不皆然於先生恨亦何哉宜蒙爵諡之典院宇之享而至于今泯泯也世道險巇公論不行故也此後人之所以不能無恨也

旃蒙協洽復月族後孫圭容謹書

跋

吁我松村先生府君文集舊本爲三卷云者止庵公之所纂而未及廣刊累經天台火燼茂朱水潦之厄逸無傳焉先考晩悔公庸是爲憂躬問于府君之外及師友古家又使宗族之高學多聞撫實朝野所傳而草來其事力致誠終身不弭蒐得若干集成未完而遽然下世命余不肖嗚呼痛哉繼述之誠敢何承奉竊伏惟府君之學問忠義進退辭受疏劄往復德行文辭著於當世者不可復睹於文喪之後不肖又

不能廣詢博採其爲拾遺訂本想不過萬一已然而必欲以全裒就成則千古竄亂非惟今日雖一言二行懼夫愈久愈失故迺與圭烈弟圭鶴從忘意編次合爲年譜附錄校讎弁文以世道艱險未遑於淵源巨筆蓋不得已也爲君子人者覽此而恕及焉噫世之麟鳳難可以一顆角一華毛知其有全體而孱流細派足以成淵海之大則未知舊本出於孔壁俾成全書而完傳於後世歟是所區區血祝于冥冥之中云爾

崇禎五甲子復月朔朝　八世孫圭灝謹跋

辛丑仲春
佳坪開刊

역주

■ 안동교(철학박사)

조선대학교 한국고전번역센터 선임연구원
전라남도 문화재 전문위원

《주자대전(朱子大全)》(공역), 《미암집(眉巖集)》(공역),
《덕봉집(德峰集)》(공역), 《죽천집(竹川集)》, 《은봉전서(隱峰全書)》,
《덕곡집(德谷集)》, 《노석유고(老石遺稿)》 등 다수 번역함.

증보 국역 **송촌집**

2012年 3月 25日 印刷
2012年 3月 30日 發行

編輯處 竹山安氏 松村公派 門中
電話 (062) 234-6565
編輯人 安元泰・安炫淳・安淳瑄・安秉勳
發行人 李 明 載
發行處 **新 潮 社**
서울특별시 마포구 염리동 161-5 201호
電話 (02) 713-0402 FAX (02) 713-0403
登錄 1994. 7. 4, 제17-179호(倫)
E-mail: sinjosa@sinjosa.co.kr http: //www.sinjosa.co.kr

定價 28,000원 **ISBN 978-89-92841-44-3**